Bernd Niquet

Der Zauberberg des Geldes

Bernd Niquet

Der Zauberberg des Geldes

Roman aus der Finanzwelt

Mit einem Vorwort von Joachim Bessing

FinanzBuch Verlag München

Die Deutsche Bibliothek - CIP-Einheitsaufnahme
Ein Titeldatensatz für diese Publikation ist bei
der Deutschen Bibliothek erhältlich

E-MAIL: ZAUBERBERG@FINANZBUCHVERLAG.DE

Realisierung: Michael Volk, München

LANDSHUTER ALLEE 61 • 80637 MÜNCHEN
TEL.: 0 89/65 12 85-0 • FAX: 0 89/65 20 96

ISBN: 3-932114-69-8

Für Kerstin –
in besonderer Erinnerung des Pitztals, wo nicht
nur die Idee zu diesem Buch ihren Anfang nahm
…

Vorwort

MUSKELN AUS GELD

„Ich bin in Boogie-Laune“, sagte mein neuer Freund, als wir um Mitternacht die Galerie verließen. Wir waren uns zu Beginn des Abends vorgestellt worden, die Galeristin hatte zu einem Pre-Vernissage-Diner ihrer Ausstellung von Bildern des Mexikaners Manolo da Campo eingeladen. Wir saßen dort an zwei langen Tafeln vor eigens dafür rosa gestrichenen Wänden aus Beton. Hinter uns hingen die Ikonen del Campos wie böse rosa Schatten: Betty Page gibt Karl Marx einen Blowjob, das Michelin-Männchen schmilzt im Fegefeuer, Metallica tackern das Schneewittchen an ein Kreuz und so weiter.

Diese lustige Pop-Ironie – wo hatte ich das schon einmal gesehen?, oder darüber gelesen?, oder davon gehört?

Vom Bürgersteig her, durch die raumhohen Schaufenster betrachtet, muss die Szenerie ausgesehen haben, als ob eine Reisegruppe von dreißig sehr reichen, sehr gut aussehenden Menschen versehentlich in den Magen eines Höllenwurms gewandert wäre – was sie nicht weiter zu stören schien.

Denn kleinwüchsige Kellnerinnen aus Genf mit platinblonden Seitenscheitelfrisuren servierten ihnen Thai Fingerfood und Weißwein, Rotwein, Prosecco; die Tischgespräche drehten sich um Collageninjektionen, Andreas Baader und die Performance der Prada-Yacht im Americas Cup. Und die ganze Zeit dachte ich, dass mir das Szenario dieses Abends seltsam bekannt vorkommt. Ein seltsamer Re-Run, aber: wovon?

Unser Taxi hielt vor der bekannten Diskothek „Parkcafé", die für diesen Abend in ihrem Inneren bis hinauf zur acht Meter hohen Decke mit marineblauem Schottenkaro ausgekleidet war. Die Uniformen der auf uns zugleitenden Kellner waren aus demselben Stoff geschnitten. „Relight My Fire" von Dan Hartman lief gerade aus, der DJ spielte „I Will Survive".

Die Mädchen trugen ihr blondes Haar mit Hornspangen zum Pferdeschwanz zusammengefasst und lachten mit sehr vielen Zähnen, in denen sich die Perlen ihrer Halsketten spiegeln konnten; ihre Begleiter hatten die Ärmel ihrer Oxfordhemden von Polo Ralph Lauren bis in die Ellbogen aufgerollt. Beim Tanzen fielen ihnen wellig nach hinten gegelte Haarsträhnen in die Stirn.

Mein neuer Freund sah genau so aus wie die anderen Gäste und bestellte Champagner an einer der Bars. Der Keeper fragte: „Welcher Jahrgang?".

Das ist doch, dachte ich – ist das nicht eine Szene aus ... ? Ja, aus was denn nur?

„Alles umsonst", raunte mein neuer Freund mit den Gläsern in der Hand und ich roch sein After Shave: „Eau Sauvage" von Christian Dior – Duft einer längst vergangenen Zeit.

Über den Anlass der Party wurde viel spekuliert: Der oder die Gastgeber seien um die fünfundzwanzig Jahre alt. Zu feiern gebe es um die siebenundzwanzig Millionen Mark an Venture-Capital, die irgendjemand – gestern?, vorgestern?, letzten Monat? – in ihr Start-up geblasen hatte. Das Start-up selbst sei irgendetwas Serviceorientiertes im Netz, möglicherweise ein Portal.

Mein neuer Freund bestellte uns noch eine Flasche, zündete sich eine Zigarette an und schaute sich dabei um – den Kopf leicht eingezogen, seine Schneidezähne gebleckt, den Kragen eins weiter aufgeknöpft — und sagte: „Jetzt brauche ich noch etwas Liebe".

Die Musik wurde lauter, mein neuer Freund verschwand auf der Tanzfläche zwischen den Körpern und jemand neben mir sagte laut schniefend: „Metall!“.

Eine Zeitschleife zog sich fester um mich und begann schon damit, sich zu schließen. Und dann hatte ich es plötzlich: Ja! Das war es doch: Hier sah es so aus wie in New York, Ende der achtziger Jahre; dem New York von Bret Easton Ellis und Patrik Bateman, seinem Helden aus „American Psycho“. Das gibt's doch nicht! Die Achtziger sind endlich da – Willkommen, ihr Lieben, was habt ihr euch Zeit gelassen!

1986, '87 und auch noch 1988 saßen viele zu Hause auf ihrem Bett und sagten sich jeden Monat: „Scheiße, was ich hier gerade alles verpasse!“

1986, '87 und auch noch 1988 war „Tempo“ die wichtigste Zeitschrift Deutschlands. Damals standen in „Tempo“ jeden Monat die unfassbarsten Geschichten zu den unglaublichsten Fotos.

Damals gab „Tempo“ der deutschen Jugend ihr Selbstbewusstsein zurück.

Denn „Tempo“ sagte: „Schaut her, ihr seid doch gar nicht so unhip!“

Aber „Tempo“ sagte auch: „Ihr könntet noch viel hipper sein!“

Weil sich Tempos Erfinder, der Österreicher Markus Peichl, vor allem von den Achtundsechzigern distanzieren wollte, brauchte er für die Welt von „Tempo“ einen archetypischen Bewohner, der durch seine bloße Anwesenheit vor Ort die Langhaarigen, Gitarrenmusikhörenden und Diskutierfreudigen von gestern in die Flucht schlagen würde.

„Tempo“ pickte sich dafür den Yuppie heraus. Eine gute, eine sehr gute Wahl. Der Yuppie war zwar im Grunde nichts weiter als ein Bankangestellter, aber dazu: jung, reich (wie man hört), sexy (das kriegen wir schon hin) und eben durch und durch Kapitalist. Aber was heißt schon Kapitalist? Der Yuppie ist der Super-, der Turbokapitalist – schlimmste Fratze des Geldes unter allen Sonnen!

„Aber schaut dieser Yuppie denn wenigstens gut aus?"

„Glaub' schon."

„Okay, dann machen wir's!"

Und der Zeitgeist fuhr ein in die mythische Begriffshülle des Yuppie, einer Abkürzung für: Young Urban Professional People. Als ob das allein etwas Neues sei: jung zu sein, in einer Stadt zu wohnen und einen Beruf auszuüben.

Aber der Yuppie wohnte auch nicht in Bonn oder München. Hier und da hatte der eine oder andere Redakteur schon gehört von den Yuppies in Manhattan, hatte schon Fotos betastet, auf denen glatte Gesichter mit Pferdeschwanz, Walkman, Haifischkragen und Rucksack irgendwo herumstanden oder mit aktentaschengroßen Funktelefonen im Straßencafé saßen. Dass die importiertes Mineralwasser tranken und mit gefrorenem Orangensaft oder Rinderhälften ihr Geld machten, in teuer möblierten Fabriketagen wohnten, zur Musik von „Adeva" ihre roten Hosenträger schnalzen ließen und eine rotweiß gepunktete Krawatte fortan „Power Tie" hieß – das wurde zum Gemeinwissen, zum erklärenden Teil unter dem Lexikoneintrag „Yuppie, der".

Auch von Kokain war dabei die Rede. Und als Kokain nicht mehr sexy genug war, erfand „Tempo" einfach und selbst neue Drogen. Zum Beispiel den „Beißer": Eine saugefährliche, tausendmal aufputschendere Abart des Kokains, an dem sich – selbstverständlich – Yuppies berauschten, um noch länger, noch härter arbeiten und verdienen zu können.

Geld war sexy, Arbeit war sexy, Workaholic wurde zur schönsten Sucht von allen.

Was aber fehlte, waren die Yuppies in Deutschland. Immer wieder mussten sich deshalb die Broker der Privatbank Hornblower & Fisher von Stylisten die Haare zurückkämmen und sich Ray-Ban-Brillen auf die Nasen stecken lassen für eine Fotoproduktion. Nach deren Erscheinen fanden sich dann viele Hamburger Redakteure und Düsseldorfer Werber in ihrem Bild der achtziger Jahre bestätigt. Und viele neue verlangten um Einlass; wollten auch noch mit dazu, mitten auf das Gruppenbild: „Deutschland, die Achtziger: Yuppies!“ Das mit dem Ausrufezeichen war wichtig. Das Ausrufezeichen stand in den Achtzigern hinter jedem Wort. Jedes Wort, jede Marke eine Behauptung, ein Statement, eine Wahrheit für sich.

1989 musste Markus Peichl die Chefredaktion des von ihm gegründeten „Tempo“ verlassen, weil seinem Verleger Thomas Ganske die Führung des Heftes zu unrentabel zu werden drohte und „Tempo“ sagte: „Jetzt kommt das Sinnjahrzehnt“.

Anfang der neunziger Jahre gab es in jedem „Tatort“, in jeder Vorabendserie, jedem Musikvideo einen Yuppie mit zurückgekämmtem Haar, mit roten Hosenträgern und Platin-Kreditkarte in seinem Loft.

1991 erschien der Roman „American Psycho“ von Bret Easton Ellis in deutscher Übersetzung bei Kiepenheuer & Witsch. Ein Kapitel daraus erschien zwei Jahre zuvor in einer amerikanischen Anthologie unter dem Titel „The End of the Nineteeneighties“.

1991 waren die achtziger Jahre endlich vorbei. Die Yuppies verschwanden samt Hosenträgern aus den Zeitschriften und machten Platz für die Raver in Trainingsanzügen.

Und heute, nach einem knappen Jahrzehnt Sinnterror aus Style, Haltung und daraus strategisch erwachsener Ironie; nach einem knappen Jahrzehnt, in dessen Verlauf sich immerhin alle bürotechnischen Gerätschaften von ihrer ursprünglichen Aktentaschengröße auf ein schlankes zwanzigstel davon verjüngen konnten; nach einem knappen Jahrzehnt, an dessen Ende zwar nicht jeder von Berufs wegen sein Geld mit gefrorenem Orangensaft oder Rinderhälften machen muss, aber kann; am Anfang eines neuen Jahrzehnts, für das es noch keine Parole gibt, aber dafür wenigstens wieder eine Frage: „Where do you want to go today?“ – heute also sind wir wirklich beim Wesentlichen angelangt. Dem Einzigen, was zählt: Geld! Das Sinnjahrzehnt ist endlich angebrochen.

Heute stehe ich morgens im Zeitschriftenladen und vor mir lässt sich ein Mittdreißiger fünfzehn Zeitschriften zum Thema Geld und Börse einpacken.

Heute sitze ich eingekeilt im Frühstückscafé und unterhalte mich mit meinem Gegenüber, aber weiß nie, wann er mir zuhört und wann seinen Angestellten in Los Angeles, die ihn über die Freisprecheinrichtungen in seinen beiden Ohren jederzeit erreichen können – sie kündigen sich für mich unhörbar an, dank Vibrationsalarm.

Heute höre ich öfter einmal Stellenangebote wie: „Hast du mir einen, der rechnen kann? Der muss nichts können, der soll nur dasitzen, rechnen und keine Fragen stellen.“

Oder anerkennende Bemerkungen über einen knapp Zwanzigjährigen in weiten Hosen: „Der ist ein *Big Swinging Dick* – erst zweiundzwanzig und hat jetzt diesen Zwei-Milliarden-Fonds aufgelegt.“

„Knackig!“, sagt da der andere und lächelt nicht, sondern lässt sein Kartenetui der englischen Privatbank Cazanove & Co klappern, deren Mindestdepots bekannt und deren Kartenetuis dazu aus geprägtem Wildleder gearbeitet sind. Jede Putzfrau hat eine Kreditkarte. Nur Bares ist Wahres. Und Knackig ist die Rede sowieso, die ganze Zeit über: Ein so genannter Businessplan kann zwar sexy sein, aber möglicherweise fehlen ihm noch die Titten. Oder überhaupt der Sex, kommt ganz auf die Idee an. Und ohne Titten, ohne Sex, beißt keiner an, spritzt keiner ein, haut keiner drauf.

„Was hast du noch auf dem Amboss?", hörte ich neulich in Berlin einen Macher den anderen fragen. Und mein Gegenüber empfängt über die linke Freisprecheinrichtung gerade die Absage einer Frauenstimme, mit der er in einer halben Stunde verabredet war.

„Macht nichts", sagt er und lässt dabei seinen beigen Hosenträger schnalzen „Wird die Kuh eben nicht gefickt."

„Hast du nicht eben noch erzählt, du seist verheiratet?", frage ich.

„Bist du schwul?", fragt er mich und lacht.

Und ich denke an den Mann in der Consors-Werbung, wie er seinen Nadelstreifenanzug selbst bügelt, weil er seine Aktien auch selbst handelt bei Consors.de; und wie er den Sushi-Koch im Restaurant wie einen Fußabtreter behandelt, weil der Server von Consors.de auch alles macht, was er will. Und an den blonden Typen auf dem Markusplatz in Venedig, der seine Cyberbrille anschreit, bis die Tauben fliegen, damit der Server an seiner Brille die Aktien verkauft und kauft, wie er es will, und der gleich danach seine Freundin belügt, weil seine Aktienspiele sie nichts angehen.

Und ich frage mich, wo die achtziger Jahre bloß so lange gesteckt haben.

Joachim Bessing

„Was ist der Einbruch in eine Bank gegen die Gründung einer Bank?“
Bertolt Brecht

„We don’t need a revolution in the summertime.“
Cosmic Rough Riders

0. Einleitung

Alle ökonomischen Überlegungen und Tatsachen, die in der folgenden Geschichte gesagt und genannt werden, sind zutreffend und wahr. Das wirft ein bezeichnendes Bild auf unsere Zeit.

Die Protagonisten hingegen sind weitgehend fiktiv. Ähnlichkeiten zu lebenden Personen sind jedoch unvermeidbar und daher auch nicht völlig unbeabsichtigt. Auch das wirft natürlich ein bezeichnendes Bild auf unsere Zeit.

Und die Geschichte selbst? Es gibt sicherlich einige Dinge, die einer Verwirklichung in der Realität im Wege stehen könnten. Doch das ändert leider nichts. Das Leben der von Schulenburgs, Grünspans und Greenspans eröffnet uns die Welt, wie sie tatsächlich funktioniert. Ob wir es glauben möchten oder nicht.

Doch wer versteht davon heute überhaupt noch etwas? Bei politischen und gesellschaftlichen Fragen konnte ja noch jeder irgendwie mitreden. Seit die Herrschaft der Politik jedoch durch die Herrschaft der Finanzmärkte abgelöst ist, sind es nur noch ganz wenige Spezialisten. Alle anderen erfreuen sich hingegen nur noch umso intensiver am Feuilleton. Möge deshalb wenigstens Gott sie schützen.

Bernd Niquet
Berlin, im April 2001

1. Das Klack-klack in der Wüste

„Das haben wir nun davon“, sagte Alexander von Schulenburg zu Bernhard Graf von Mandelwindel. Und er hatte Recht damit. Doch was um Gottes willen war eigentlich passiert?

Es kam so: Alexander von Schulenburg stand unmittelbar vor der Tresortür. Sie war nur sehr schwer zu öffnen. Mit seinem ganzen Gewicht musste er sich dagegen lehnen. Und erst dann, ganz langsam, bekam er sie ein Stück weit auf. Es quietschte laut, doch nun stand sie zumindest einen Spalt breit offen. Letztlich jedoch war auch diese Anstrengung mit Sicherheit ihre Mühe wert. Denn gleich wäre er endlich am Ziel angekommen, das wusste er. Gleich würde er zum ersten Mal das ganze Geld sehen. Und dann wäre der Plan endlich aufgegangen.

Es stimmte also tatsächlich, was die Medien immer verbreiten, denn es lohnt sich wirklich, sich selbständig zu machen. Auch wenn das im Fernsehen und in den Zeitungen sicherlich durchaus etwas anders gemeint war. Doch egal: Jetzt stand Alexander von Schulenburg an der Spitze – und damit genau dort, wo alle anderen eigentlich immer hin wollten. Jetzt würde man über ihn berichten, jetzt wäre er ein Star. Schließlich hatte er es als Einziger geschafft, diese seine gigantische Idee in die Tat umzusetzen.

Aber was war das? Plötzlich hörte er ein klapperndes Geräusch. Es war wie ein Mahlen oder ein Räuspern. Und dann flutschte auch noch ein kleines Stückchen Fell vorbei. Alexander von Schulenburg war irritiert. Was machte denn so ein kleines Stück Fell hier unten im Tresor? Hier sollte doch eigentlich gar kein Fell etwas verloren haben. Nein, hier sollte doch vielmehr das Geld sein.

Mit letzter Kraft öffnete er die Tür noch ein Stück weiter, so dass er nun den ganzen Tresorraum einsehen konnte. Doch plötzlich erschrak er heftig. Auf einmal waren hunderte von Augenpaaren auf ihn gerichtet. Und alle möglichen Farben waren dabei – rote, braune, grüne und blaue. Alexander von Schulenburg lief es kalt über den Rücken, ihm schwindelte, und er fühlte den Schock in sich. Doch sofort rappelte er sich wieder auf, schlüpfte zurück in die Maske seines faustischen Geistes und stellte sich selbst die Wissensfrage: Waren das nun Rote Neuseeländer, Deilenaar und Kleine Silber? Oder doch eher Hermeline, Farbenzwerge, Fuchszwerge gar?

Auf jeden Fall jedoch waren es Kaninchen. Und alle machten sie Männchen. Was für ein Bild. Es hätte direkt Freude erzeugen können, wenn, ja wenn es dabei nicht eigentlich um das Geld gegangen wäre. Aber da standen sie nun, aufrecht wie die Fellsoldaten. Was allerdings erst in zweiter Linie interessant war. Primär ging es jetzt nämlich vielmehr um etwas ganz anderes: Denn die kleinen Nager hatten die ganzen Geldscheine aufgefressen. Und zwar alle, ratzekahl verputzt.

Das warf natürlich sofort ein neues Problem auf: Warum fraßen Kaninchen eigentlich Geldscheine? Doch ehe Alexander von Schulenburg dieser sehr interessanten und noch wichtigeren Frage weiter nachspüren konnte, gab es plötzlich einen heftigen Knall. Und Alexander von Schulenburg erwachte neben seinem Bett auf dem Fußboden des Hotels zum Zauberberg in Schwarzenstein.

Das Hotel zum Zauberberg ist ein wunderschönes Hotel. Erbaut in der Belle Époque, mit großzügigen Fluren und Zimmern ausgestattet, thronte es hoch über der kleinen Gemeinde Schwarzenstein zu Füßen majestätischer und schneebedeckter Berge. Das Hotel zum Zauberberg bietet jeden Luxus. So hat man beispielsweise die Fußböden sämtlich mit Fußbodenheizung und einer weichen Veloursauflage versehen, so dass man durchaus auch im tiefsten Winter barfuß durch die Zimmer gehen kann. Die Sturzgeschwindigkeit von der Bettkante wurde dadurch jedoch anscheinend nur marginal abgefedert.

Vielleicht verspürte Alexander von Schulenburg deshalb auch augenblicklich einen derart heftigen Kopfschmerz. Er betastete seinen Körper. Hatte er etwa auch noch eingepullert, wie es seinem Freund Bernhard Graf von Mandelwindel neulich bei ähnlicher Gelegenheit einmal passiert war? Nein, glücklicherweise nicht. Es gab eben doch noch Unterschiede, auf die man setzen konnte. Er rappelte sich auf und klopfte an die Durchgangstür zum Nebenzimmer. „Ja", antwortete Bernhard von Mandelwindel auf die Frage, wie es denn wäre, wenn man sich in fünf Minuten unten beim Frühstück treffen würde. Und schlüpfte schnell in seinen eleganten Morgenmantel, den er noch am Vorabend vom Aufbügeln aus der Hotelwäscherei zurückbekommen hatte.

Draußen begann bereits seit einiger Zeit ein Tag von allererster Qualität. Keine Wolke zeigte sich am Himmel und die Skilifte ratterten bereits in aller Einsamkeit vor sich hin. Alexander von Schulenburg hatte am Frühstückstisch Platz genommen und sinnierte über die Ereignisse der Nacht: „Es waren wieder die Kaninchen", sagte er, als Bernhard Graf von Mandelwindel sich ebenfalls in den Sessel fallen gelassen hatte. „Es sind immer die Kaninchen, Bernhard. Immer die Kaninchen, Bernhard. Ich sage es dir, Bernhard, die Kaninchen werde ich nicht mehr los. Und vielleicht gilt das sogar für uns alle, Bernhard."

Bernhard von Mandelwindel kannte diese Reden seines Freundes bereits und nickte deswegen auch nur geruhsam mit dem Kopf, nahm eine Semmel in die Hand und widmete sich fortan in erster Linie dem Frühstück. Mit dieser

Geste traf der junge Graf von Mandelwindel natürlich genau den Punkt. Denn Alexander von Schulenburg hatte Recht. Und beide wussten es, weshalb die Worte eigentlich überflüssig waren.

Die Familie der von Schulenburgs sowie die der Grafen von Mandelwindel waren beide sehr alte Adelsgeschlechter, deren Stammbäume sich jeweils bis zum Hofe von Karl dem V. zurückverfolgen ließen. Dies war insofern nicht ohne Brisanz, als sich Karl der V. bei seiner Wahl zum König durch die deutschen Kurfürsten im Jahre 1519 mit einem Darlehen in Höhe von 540.000 Rheinischen Goldgulden von den Fuggern unterstützen ließ, die hierfür ihrerseits als Sicherheiten Bergwerke verpfändet bekamen. Bergwerke, die ihnen einerseits stetige Einnahmen gewährten, auf der anderen Seite jedoch auch einen Einfluss auf den neuen König sicherten. Und auch wenn Geschichte sich sicherlich eher selten wiederholte, so reimte sie sich doch in vielen Fällen.

Alexander von Schulenburg und Bernhard von Mandelwindel waren also bereits in jungem Alter in gewisser Weise Männer von Welt. Ganz so, wie man sich so etwas gemeinhin vorstellt. Doch wie stellt man sich so etwas eigentlich vor? Auf jeden Fall war man weit gereist. Denn so ein Studium lastete selbstverständlich nicht aus. Weshalb es sich anbot, die Semesterferien – und vielleicht auch noch ein bisschen länger – an dem einen oder anderen der exotischsten Orte dieser Welt zu verweilen. So waren sie denn auch, wenn sie nicht gerade in Schwarzenstein logierten, eher auf irgendwelchen fernen und exklusiven Inseln anzutreffen, die am besten nur mit dem Boot oder dem Wasserflugzeug zu erreichen waren, als irgendwo sonst.

Dennoch hatten sie natürlich Ehrgeiz – zumindest teilweise. Und dann war da auch noch das Geld. Wenn

Alexander von Schulenburg und Bernhard von Mandelwindel nur eines auf ihren vielen Reisen gelernt hatten, dann war das etwas über das Geld. Konkret: Dass man einerseits davon niemals genug haben konnte. Aber auch, dass es andererseits gerade dieses Geld war, welches die Welt in ihrem Innersten zusammenhielt. Wenn es denn überhaupt noch etwas gab, was die Welt in ihrem Innersten zusammenhielt. Was freilich im Umkehrschluss dann aber auch heißen musste, dass es ebenfalls das Geld sein würde, was dafür verantwortlich wäre, wenn dieses Innere dann irgendwann einmal ganz plötzlich und unvermutet auseinander fliegen würde.

Diese kleine Erkenntnis reifte in unseren zu dieser Zeit noch relativ unbekümmerten Weltenbummlern, als sie an einem Dienstag im Oktober 1998 auf der Terrasse ihres Stammhotels am Strand der kleinen Insel vor der thailändischen Küste saßen und der Kellner sich anschickte, die zweite Flasche herrlich gekühlten Rosé zu öffnen. Nur wenige Jahre war es jetzt her, dass nicht nur Thailand, sondern schlichtweg das gesamte Asien in den Strudel dieser enormen Währungskrise geraten war, deren Ausmaß alle bisherigen Vorstellungen hinter sich gelassen hatte.

Ein derartiger Taifun an den Devisenbörsen konnte natürlich nicht ohne gewisse Nachwirkungen bleiben. Und diese trugen die folgenden Namen: Wirtschaftskrise, Entlassungen, Armut. Kurzum, das Ende der zuvor gehegten Träume. Konnten die Vermögenden aus aller Welt, geblendet vom hellen Schein des Modells Asien, noch vor der Krise gar nicht genug Geld hierher transferieren, so konnten sie es nunmehr überhaupt nicht mehr abwarten, so schnell und so viel wie möglich wieder abzuziehen.

Alexander von Schulenburg und Bernhard von Mandelwindel mussten also nur über das Weinglas hinweg, über den Zaun ihres paradiesischen Refugiums schauen, um leibhaftig zu erleben, wie die Welt in Wirklichkeit funktionierte. Und das war irgendwie ganz anders, als sie es bisher gedacht hatten. Denn natürlich wurde die Erde auch in früheren Zeiten von Despoten, Goldsuchern und sonstigen zweifelhaften Persönlichkeiten regiert. Doch andererseits war ja auch stets eine ganze Menge vernünftiger Leute dabei gewesen. Die überdies nicht einmal in jedem Falle adelig gewesen sein mussten. Doch was war das schon gegen das Geschehen von heute?

Alexander von Schulenburg hatte sich anschließend sofort die Badehose angezogen, sich kopfüber in die Fluten des Pazifiks gestürzt und währenddessen doch die ganze Zeit an eine Wüste gedacht. Dabei hätte Alexander von Schulenburg und Bernhard von Mandelwindel die ganze Sache eigentlich überhaupt nicht betreffen müssen. Schließlich war beinahe über Nacht hier alles um mehr als fünfzig Prozent billiger geworden. Für sie jedenfalls.

Wenn da nur nicht diese Wüste gewesen wäre. Diese Wüste, die es doch eigentlich überhaupt nicht hätte geben dürfen. Denn hatten nicht die Verteidiger des Marktes, also die Marktfundamentalisten – wie alle anderen Fundamentalisten auch – stets nur von den großen Segnungen des Marktes gesprochen? Ja, was war denn nun aus ihren Predigten geworden? Wo war sie, die große Initialzündung, die Verheißung von Wohlstand und Freiheit über den Markt? Warum hatten sich nur alle davongemacht, bevor der Beweis überhaupt erbracht wurde. Erst die ganzen Gebete, dreimal täglich, auf dem kleinen Teppich, ausgerichtet nach Westen, ganz weit nach Westen, bis hin zur Wall Street. Und nun nur noch das große Schweigen.

Natürlich sind die asiatischen Umgangsformen andere als diejenigen, auf die gemeinhin die Manager aus dem Westen vertrauen. Und selbstverständlich besitzt Asien auch ansonsten seine Eigenheiten. Doch wie konnte das, was vorher so chancenreich gewesen sein sollte, auf einmal das genaue Gegenteil davon darstellen? Ja, wie war denn die große Hausse überhaupt erklärbar, wenn alles bereits von Anfang an in den falschen Bahnen gelaufen sein sollte?

Hier passte doch irgendetwas nicht zusammen, fand Alexander von Schulenburg. Es machte alles keinen Sinn. Und genau an diesem Punkt begann dann auch die wirkliche Geschichte mit den Kaninchen.

Der große Vorteil lag im Übrigen darin, dass man dazu nicht einmal Traumdeutung betreiben oder tiefenpsychologische Kenntnisse besitzen musste. Es passte auch so plötzlich alles zusammen. Denn ohne Zweifel glich das Schicksal Asiens in weiten Teilen demjenigen von Australien. Allerdings lagen mittlerweile 150 Jahre dazwischen. Doch auch das machte letztlich nichts.

Alles begann, als Thomas Austin im Jahre 1859 vierundzwanzig Wildkaninchen auf seinem Grundbesitz in der Nähe von Geelong in Victoria ausgesetzt hatte. In Ermangelung von natürlichen Feinden wurde aus diesen vierundzwanzig wackeren kleinen Rackern in relativ kurzer Zeit die Zahl von 500 Millionen Stück. Und heute leidet Australien unter riesigen Bodenerosionen und besteht zu zwei Dritteln aus Wüste.

Jetzt beugte sich Alexander von Schulenburg nach vorn und schlug mit der flachen Hand auf den Tisch: „Und ich frage dich, Bernhard, wo ist hier der Unterschied zum Geld? Denn welchen natürlichen Feind hat das Geld, Bernhard? Genau, die Antwort lautet: Es hat gar keinen natürlichen Feind, das Geld. Das sage ich dir, Bernhard. Geld hat keinen Feind, deswegen breitet es sich auch überall aus. So lange, bis ansonsten nur noch Wüste da ist. Und dann zieht es eben woanders hin."

Zwei Feinde der kleinen Racker hatte Alexander von

Schulenburg hierbei allerdings unterschlagen. Und das waren der Dingo und die Myxomatose-Viren. Doch der Dingo allein konnte das Problem schon deshalb nicht lösen, da man ja auch auf ihn Jagd gemacht hatte – und ein toter Dingo recht schlecht ein springlebendiges Kaninchen reißen konnte. Und auch gegen die hässlichsten Viren, von den Menschen bewusst in Umlauf gebracht, um der Kaninchenplage Herr zu werden, wurden früher oder später Resistenzen gebildet. Weder die Natur noch das Eingreifen des Menschen konnte Australien mithin vor seinem Schicksal retten.

Und genauso ging es Asien heute auch. Warum sollte es hier auch anders sein? Denn welchen Unterschied gab es eigentlich zwischen dem Willen eines Kaninchens und dem der Entscheidungsträger an den Finanzmärkten? Letztlich ist doch immer nur ein mehr oder weniger großer Haufen schwabbeliger grauer Masse, Gehirn genannt, dafür verantwortlich, was passiert und was nicht passiert.

Denn weder Mensch noch Kaninchen können die Welt so wahrnehmen, wie sie ist. Die Welt da draußen ist, wie die Welt da draußen ist. Und der entscheidende Rest sind nur Repräsentationen in eben dieser schwabbeligen grauen Masse. Im Grund genommen jedoch nicht einmal das: Alles, was existiert, sind optische und akustische Signale, auf welche unsere Zellen in der etwa drei Pfund schweren schwabbeligen grauen Masse dadurch reagieren, dass sie elektrische Impulse aussenden, das heißt Neuronen losschießen.

Aus diesem Sende- und Empfangsmechanismus der Neuronen werden schließlich feste Verbindungen, Synapsen genannt. Von derartigen Synapsen existieren etwa 1 Billiarde oder 1.000 Billionen pro drei Pfund grauer schwabbeliger Masse – also etwa 666 Millionen pro Gramm grauer schwabbeliger Masse. Das, was uns manchmal bunt und duftend, ein anderes Mal jedoch dunkel und depressiv erscheint, ist also in Wirklichkeit nichts anderes als ein leises Klack-klack. Klack-klack, der Neuronenschuss. Klack-klack, ein Stimulus – und das vereinzelte Teil weiß ganz genau, wie es reagieren muss. Klack-klack, das ist die einzige Sprache, die wir wirklich verstehen. Nur Klack-klack – und schon ist die Entscheidung gefallen. Hierin sind wir alle gleich. Klack-klack, hier wird's zum Ereignis. Nur Klack-klack – und das ist auch schon alles.

Was unterscheidet also wirklich den Chef der größten deutschen Bank von einem Kurzhaar-Rammler in seiner Kaninchenwelt? Überall immer nur Klack-klack, Zack-zack, Hopp-auf – und fertig. Immer mehr, immer weiter, immer größer und vor allem immer schneller. Zack-zack, Hopp-auf – und fertig. Immer nur Klack-klack, und schon ist die Entscheidung gefallen. Mehr nicht. Nur Klack-klack, und das ist schon alles. Und ab zur nächsten Nummer.

Natürlich gibt es aber auch Unterschiede. Der eine hat Fell und der andere nicht. Doch seit dem Eintreten der Geschlechtsreife waren sie beide schließlich stets unruhiger geworden. Und so hatte der eine dann in Ermangelung geeigneter Objekte angefangen, selbst Gegenstände zu decken, seine Urinmarken zu setzen, und war darüber hinaus an seinem Sexualtrieb beinahe umgekommen. Aber der andere doch auch! Nur dass er seine Kräfte auf ein anderes Terrain umleiten konnte. Weshalb seine Gesellschaft heute eine der größten Banken der Welt ist, der Draht am Käfig des Kaninchenstalls hingegen durchgebissen zurückbleibt.

Denn es geht doch schlichtweg immer nur um das eine: Klack-klack, Zack-zack, Hopp-auf – und fertig. Immer mehr, immer weiter, immer größer und vor allem immer schneller. Zack-zack, Hopp-auf – und fertig. Immer nur

Klack-klack, und schon ist die Entscheidung gefallen. Mehr nicht. Nur Klack-klack, und das ist schon alles. Und ab zur Nächsten.

Nun ist die Nächste dem einen die Partnerin und dem anderen die Gelegenheit. Doch genau das verwischt ja auch den Unterschied. Denn ganz egal, ob Kaninchenbraut oder Investmentchance: Es geht doch schlichtweg immer nur um das eine: Immer mehr, immer weiter, immer größer und vor allem immer schneller. Klack-klack, Zack-zack, Hopp-auf – und fertig. Und ab zur Nächsten. Ganz so, als ob der Wüstensand noch nicht in allen Ritzen spürbar wäre.

So wie jeder andere Traum, so hatte also auch dieser Traum seine Bedeutung. Doch erneut versagen wir uns hier der Traumdeutung. Denn wichtig war eigentlich nur, dass Alexander von Schulenburg anderenfalls vielleicht gar nicht mehr auf diese alte Idee zurückgekommen wäre, die er schon so lange im Hinterkopf trug. Und von der er auch schon die ersten Ausarbeitungen gemacht hatte, dann jedoch immer wieder davon abgekommen war.

2. Die Herren des Geldes – und das Geld aus dem Nichts

Mittlerweile schien die Sonne bis auf den Frühstückstisch. „Vielleicht gibt es wirklich nur einen einzigen Feind des Geldes“, sinnierte Alexander von Schulenburg nun, als die Bedienung zwei neue Kännchen Kaffee und frische Semmeln brachte. „Ich meine, wenn wir alles Metaphorische einmal weglassen.“ Er blinzelte mit seinen Augen in die Sonne und sagte zu seinem Freund: „Was ist der natürliche Feind des großen Geldes? Klare Frage, klare Antwort: Noch mehr Geld!“

Bernhard von Mandelwindel schaute ihn etwas irritiert an, denn das mit dem Metaphorischen verstand er gar nicht so recht. Es war natürlich auch schwierig, weil es einerseits zu plakativ und andererseits Kaninchen viel zu putzig waren, um ernsthaft die Aufmerksamkeit von Männern auf sich zu ziehen. Was natürlich keinesfalls bedeuten soll, dass Alexander von Schulenburg in Wirklichkeit kein richtiger Mann war. Nein, nein, hier funktionierte tatsächlich alles prächtig, viel besser sogar — wie wir ja bereits im Einzelfall gesehen haben — als dies manchmal bei Bernhard von Mandelwindel der Fall war.

Es war vielmehr so, dass Alexander von Schulenburg schon immer zwei Seelen in seiner Brust gespürt hatte. Und egal, worum es ging, die eine war immer dafür und die andere stets dagegen. Die eine hegte Sympathie und die andere wollte zerstören. Vielleicht war Alexander von Schulenburg auch gerade deswegen von seiner Idee so fasziniert, weil sie es schaffte, diese beiden komplementären Teile in einem fast harmonischen Miteinander in sich zu vereinigen.

Doch zunächst einmal ging es um einfachere Dinge: Denn niemand kann übersehen, dass Alexander von Schulenburg hier tatsächlich eine allgemein gültige Theorie aufgespürt hatte. Alles, was keine natürlichen Feinde hat, kann sich letztlich immer nur selbst im Zaum halten. Doch da so etwas eigentlich schon vom Prinzip her niemals funktionieren kann, hatte die Natur diesen Fall auch gar nicht vorgesehen. Denn warum sollte die Natur für etwas spezielle Vorkehrungen treffen, was sowieso prinzipiell keinerlei Überlebenschancen hat.

Dem Leben der Kaninchen könnte also durchaus etwas Einmaliges und Wunderbares innewohnen, fast so etwas wie das Übersteigen der Gesetze der Schöpfung. Und für das Geld galt zweifelsohne das Gleiche. Doch mit der unberührten Natur hatte das alles natürlich nichts mehr zu tun. Wobei man nun freilich noch etwas weiter fragen musste, nämlich, warum es das Geld eigentlich überhaupt gab. Denn letztlich begehren die Menschen doch völlig andere Dinge, wie beispielsweise Handys, Mallorca-Flüge und Sex-Maschinen. Doch wenn das alles so ist, warum lassen sie sich dann überhaupt für derartige Zettel begeistern? Denn etwas anderes als Zettel ist das Geld doch gar nicht.

Die Gründe hierfür finden sich nach allgemeiner Aussage – wie so oft – wieder einmal in der Historie. Und ein Blick in diese zeigt, dass die heutigen Zettel natürlich etwas ganz anderes als die damaligen Zettel sind. Deswegen auch der Blick zurück. Damals konnte mit den Zetteln natürlich durchaus Schlimmeres passieren, heute hingegen selbstverständlich nicht mehr. Denn als die Notenbanken noch Zettelbanken hießen, hatten diese oft wesentlich mehr Zettel ausgegeben, als sie über Gegenwerte verfügten, die diese Zettel verbrieften. Weshalb auch die Zettelinhaber dann stets in dem Moment, wo dies bekannt wurde, mit ihren Zetteln nicht mehr viel anderes anfangen konnten, als man eben mit Zetteln anfangen kann.

Später dann hatte man diese Zettelwirtschaft allerdings verstaatlicht, weil natürlich nur der Staat in der Lage ist, ein Geldwesen ordentlich durchzuführen - oder eben auch mit letzter Konsequenz durchzubringen. Alle Zwischenlösungen fanden auf jeden Fall mit diesem Tag ihr Ende.

Die Erfolgsgeschichte des Geldes hat damit letztlich die gleiche Ursache wie viele andere Erfolgsgeschichten auch. Wie die des erfolgreichen Gefängniswärters, bei dem es keinerlei Ausbruchsversuch gegeben hat, wie die des Steuereintreibers, bei dem alle freiwillig bezahlen, oder wie die der Heiligen Inquisition, bei der plötzlich jedermann zum überzeugten Christen wird. Die Leute benutzen deswegen Geld, weil sie gezwungen sind, Geld zu benutzen. Denn jeder Bürger ist ebenso verpflichtet, Geld zur Bedienung einer Schuld zu verwenden, wie er umgekehrt gezwungen ist, Geld zur Abtragung einer Schuld anzunehmen. Es sei denn, wir vergeben unseren Schuldigern.

Im Zentrum der großen und unbestreitbaren Erfolge des Geldes stehen damit also die Notenbanken. Sie sind die Banken der Staaten, die diese ausnahmslos mit dem Monopol ausgestattet haben, das jeweils nationale Geld herauszugeben, sprich dieses Geld zu drucken. Einige Leute glauben zwar bis heute hartnäckig, dass auch die sonstigen Banken - wie beispielsweise die Geschäftsbanken - die Möglichkeit haben, Geld zu schöpfen, doch bei näherem Hinsehen entpuppt sich das natürlich als vollkommener Unsinn. Und wer dies nicht glaubt, der tippe nur einmal einem derjenigen Menschen auf die Schulter, die bei einer Währungskrise gerade stundenlang vor einer Bank warten, um ihre Kontoguthaben, die sie bei einer Geschäftsbank halten, in Bargeld, also in das Geld der Notenbank, einzutauschen.

Darüber hinaus wähnen sich natürlich auch immer wieder einige Börsianer im Besitz der Lizenz zum Gelddrucken. Doch Verrückte gibt es schließlich überall. Selbstverständlich können Börsianer trefflich die Anleger über den Leisten ziehen, sie belügen, betrügen und ihnen das Geld aus der Hosentasche ziehen. Doch Tatsache ist und bleibt dabei immer: Das Geld, das hierbei erbeutet wird, ist immer das Geld der anderen; niemals jedoch ist es völlig neu und aus dem Nichts geschöpft. Denn die Schöpfung des Geldes aus dem Nichts — über diese Macht verfügen nur die Notenbanken.

So kann die Notenbank ganz nach Belieben den Geldumlauf in einer Volkswirtschaft verändern. Sie kann ihn erhöhen, wenn sie Vermögensgegenstände der Wirtschaft wie Wechsel, Wertpapiere und Fremdwährungsbestände ankauft, und sie kann ihn wieder reduzieren, wenn sie diese Vermögensgüter schließlich wieder verkauft. Beim einen Mal entsteht dadurch auf wundersame Weise Geld, – und beim anderen verschwindet es auf nicht weniger wundersame Weise wieder. Die Notenbanken sind damit die Herren des Geldes. Sie schaffen das Geld gleichsam aus dem Nichts und zwingen uns damit alle unter ihre Knute. Denn kommt es wirklich einmal darauf an, zählt plötzlich weder Ansehen noch Vermögen, sondern nur noch eines – Geld.

Doch zwingen sie uns tatsächlich alle unter ihre Knute? Seien wir an dieser Stelle lieber nicht zu voreilig, denn gerade in diesem Moment kam Alexander von Schulenburg zu seinem entscheidenden Punkt. Und das war die Symmetrie. Denn irgendwie stellte sich die ganze Sache mit dem Geld äußerst asymmetrisch dar. Einerseits diejenigen, die permanent etwas leisten müssen, um an das Geld heranzukommen. Und andererseits diejenigen, die genau dies nicht müssen, dafür aber auch kein Geld bekommen, sondern es vielmehr genau umgekehrt mit vollen Händen weggeben können.

Auf den ersten Blick wirkt dies natürlich ein wenig so, als ob sich plötzlich die Schwerkraft umgedreht hätte. Wobei der zweite Blick bereits lehrt, dass dem tatsächlich so ist. Denn wer sich auf der anderen Seite der unsichtbaren Mauer des Geldes, wer sich dort befindet, wo man problemlos aus dem Nichts etwas schaffen kann, dem fallen die Dinge plötzlich nicht mehr auf den Boden und gehen kaputt, wenn er sie loslässt. Nein, demjenigen fliegen sie vielmehr – mit gleichsam fast magnetischer Kraft – direkt in die Arme, wo immer er sich auch befindet: Schwupp! Und plötzlich taucht ein großes Vermögen auf aus dem Nichts.

Zunächst einmal hatte Alexander von Schulenburg hierbei die asiatischen Notenbanken im Visier. Denn das war doch wirklich erstaunlich: Die USA, das ist klar, sind weltweit die größte Volkswirtschaft. Und ebenso klar ist, dass die asiatischen Volkswirtschaften demgegenüber nicht mehr als Zwerge verkörpern – bunt angestrichene Gartenzwerge, durch eine Plastikschicht domestizierte Tigerlein auf der großen Rasenfläche vor dem amerikanischen Haus. „Doch nun rate einmal", fragte Alexander daraufhin, „wer über die größten Devisenreserven weltweit verfügt? Und wessen dagegen vergleichsweise verschwindend gering sind?"

„Na wenn du mich schon so fragst", antwortete dieser, „dann werden sicherlich die USA die kleinsten und die Asiaten die größten besitzen. Doch eine Erklärung dafür habe ich nicht."

Mit dieser Äußerung hatte der Graf von Mandelwindel natürlich absolut ins Schwarze getroffen. Denn er hatte nicht nur Recht damit, er hatte sogar in dreifacher Weise Recht. Erstens in Hinsicht auf die Reserven der asiatischen

Notenbanken, zweitens bezüglich derjenigen der USA und drittens, weil es dafür tatsächlich so gut wie keine Erklärung gab. Es sei denn, man versuchte es einmal, ein Spiegelbild von hinten zu betrachten, um derart eine leibhaftige Vorstellung vom Nichts zu bekommen.

Köpfe, die sich für sehr klug halten, glauben, dass alle Macht und jeglicher Wert aus dem Großen, aus dem Überfluss entspringt: Viel zu essen macht kräftig, eine Übermacht an Soldaten gewinnt den Krieg und große Gesten den Einfluss. Wer hingegen aus der Welt des Geldes kommt und hinter die Spiegel schauen, dem Nichts seinen Schleier entwinden und mit seinen Gedanken die große Mauer um das Geld durchbrechen kann, der weiß, dass der wirkliche Wert und damit auch alle Macht in der Seltenheit ihren Ursprung hat. Denn nur ein knapp gehaltenes Geld ist auch ein gutes Geld und die Situation damit eigentlich recht paradox.

Derjenige, der die Zügel eng hält, dem fließt der Reichtum zu, wohingegen dem Protzer die Felle davonschwimmen. Und immer ist es das Vertrauen, welches über alles entscheidet. Das Vertrauen und der Stand der Zahlungsbilanz, was jedoch kaum voneinander zu trennen ist. Jeder, der in Asien Geschäfte machen wollte, brauchte die asiatischen Währungen und musste dafür seine eigenen mitbringen. Und so saugten sich die asiatischen Notenbanken mit Devisen aus der ganzen Welt voll, wie es ansonsten, um hierzu einmal die asiatische Bildersprache zu bemühen, nur die Biene mit dem Blütenstaub macht.

Doch die Blütenträume hielten nur kurz, denn der wirkliche Kenner der Materie sterilisiert seine Beute sofort. Was man in Asien jedoch – oh Schreck, oh Graus – nicht getan hat. Sterilisation? Hier sind wir durchaus fast wieder im Tierreich. Denn eine Notenbank, die den Wert ihrer Währung hochhalten möchte, muss ihrem Volk zwangsweise den Wohlstand eines höheren Devisenbestandes vorenthalten. Sie muss die Zuwächse der Geldmenge stets in engen Grenzen halten und folglich die Geldmengenvergrößerungen aufgrund der Devisenzuflüsse durch entgegengesetzte Geschäfte konterkarieren, sie muss dem Zuwachs begegnen, indem sie woanders wieder etwas wegnimmt, sie muss das Anwachsen durch Abschneiden kontern, sie muss eben – sterilisieren.

Denn macht sie das nicht, und alle asiatischen Notenbanken haben es nicht gemacht, dann steigt der Wohlstand der Bevölkerung zu stark an. Was natürlich verheerende Folgen haben muss, wie die Herren des Geldes es sofort erkennen. Schließlich bedeutet ein steigender Wohlstand, dass die Bevölkerung nun nicht nur für den Export schuften, sondern sich selbst auch etwas in Form von Importgütern gönnen möchte. Und schwupp! – kippt die Leistungsbilanz von einem Überschuss in ein Defizit um, was natürlich sofort alle Kapitaleigner aus diesem Land fliehen lässt.

Ein Erfolg ohne Sterilisation, ein Erfolg, welcher der Bevölkerung nicht vorenthalten wird, trägt also bereits den Keim des Scheiterns in sich. Daher die Asienkrise. Denn das Wesen des Geldes verträgt keinen Überfluss des Geldes, sondern es zollt stets nur demjenigen Beifall, der sich auch im größten Erfolg am konsequentesten kasteit. Doch ist das nun wirklich paradox oder pervers, wie es auf den ersten Blick zunächst anmuten könnte? Nein, ganz sicher nicht. Denn irgendwie muss das Geschehen auf dieser Welt doch gelenkt werden: Klack-klack, Zack-zack, Hopp-auf – und ab zur Nächsten. Immer mehr, immer weiter, immer größer und vor allem immer schneller. Und nichts bewirkt dies besser und effizienter als das Geld.

Aber zurück zu unseren beiden Protagonisten: Zu der Zeit, als Alexander von Schulenburg und Bernhard von

Mandelwindel im Hotel zum Zauberberg beim Frühstück saßen, wurde die Finanzwelt gerade von einem wahren Gründerboom überrollt. Dieser war so gigantisch, dass Reichtum plötzlich zum Normalfall mutierte, da nahezu jedermann, der über eine gute Idee verfügte und es schaffte, fehlerfrei eine Aktiengesellschaft zu gründen, die Aktien dieser Gesellschaft an die Börse bringen und dafür viel Geld einspielen konnte. Doch nicht nur das: Plötzlich wurden von überall her Stimmen laut, die verkündeten: Das Perpetuum mobile – jetzt ist es endlich doch erfunden.

Jedoch: Wussten diese Propheten eigentlich wirklich, was ein Perpetuum mobile ist? Bernhard von Mandelwindel hat zu dieser Zeit auf jeden Fall täglich mehrmals mit herunterhängendem Unterkiefer die Aktienkurse beobachtet und sich jedes Mal aufs Neue gefragt, warum denn nicht auch er eine AG gegründet hatte. Alexander von Schulenburg hingegen behauptete schon damals steif und fest, dass es sich hierbei sowohl um einen Etikettenals letztlich auch um einen Effektenschwindel handeln würde.

Er sagte deshalb im Brustton der Überzeugung: „Das ist weder ein Perpetuum mobile, noch handelt es sich hierbei um die berühmte Lizenz zum Gelddrucken. Nein, das ist ausschließlich ein geeignetes Studienobjekt für die Historiker." Im Gegensatz zu Bernhard von Mandelwindel verspürte Alexander von Schulenburg daher auch nicht den geringsten Wunsch, sich diesem Windhundrennen ebenfalls auszusetzen. „Wozu diese Mühe, Bernhard", versuchte er deshalb auch sein Gegenüber etwas zu beruhigen, „wenn jetzt doch schon klar ist, dass davon letztlich nichts übrig bleibt?"

„Aber warum soll davon nichts übrig bleiben?", fragte der Graf von Mandelwindel zurück.

„Ein Systemfehler", antwortete dieser, „schlichtweg ein

Systemfehler. Und genau deshalb wird außer einem Berg von Anklageschriften, ein paar Morddrohungen von geprellten Anlegern und einem dicken Geschichtsbuch sicherlich nichts von dieser Blüte zurückbleiben."

Alexander von Schulenburg behauptete allerdings selten etwas, ohne es auch zu begründen. Und so folglich auch hier. Denn gleich im Anschluss erläuterte er seinem Freund, dem Grafen von Mandelwindel, sehr ausführlich, wo hier der Fehler im System zu finden sei. Doch was heißt schon Fehler? Nun gut, Alexander von Schulenburgs Antwort ist zugegebenermaßen ziemlich radikal ausgefallen. Denn es war damals ja wirklich eine gute Zeit für Unternehmensgründer. Und der eine oder andere würde es gewiss schaffen, sich mit seiner Aktiengesellschaft auch durchzusetzen. Doch um welchen Preis? Die ganze Mühe, einen Businessplan auszuarbeiten, auszudrucken, mit den Banken zu sprechen, sich mit Leuten herumzuärgern, war es das wirklich wert?

Das alles, um dann hinterher doch Gefahr zu laufen, in Konkurs zu gehen und alles wieder zu verlieren? Nein, hier würde er ganz gewiss nicht mitspielen wollen, erklärte Alexander von Schulenburg feierlich und fügte an, zudem auch kein bisschen neidisch zu sein. Denn so viel Arbeit bei einem derart großen Risiko, das sollten doch wohl lieber die anderen machen, das sei denn nun doch nicht das Richtige für ihn. Seine Idee zum Selbständigmachen hingegen dürfe nichts Geringeres als die perfekte Idee schlechthin sein. Und wenn sie sich nicht von allein bietet, so erklärte er, dann würde er sie sich eben selbst backen.

Doch müssen Idealisten und Utopisten nicht stets und immer an der Wirklichkeit scheitern? Ist es überhaupt vorstellbar, dass man mit einem derartigen Konzept durchkommen kann? Glücklicherweise war Alexander von Schulenburg zumindest kein Moralist, was natürlich die Verwirklichungschance seiner Idee deutlich erhöhte. So war er denn im Grunde genommen auch völlig indifferent gegenüber der Frage, ob es der Wirtschaft, der Gesellschaft oder seinem Land gut gehen solle oder nicht. Ging es aufwärts, dann würde er schon irgendwie dabei sein. Das sagte ihm jedenfalls sein Stammbaum. Ging es hingegen bergab, dann würde ihm immer noch die diebische Freude über das Scheitern der anderen bleiben.

„Man muss das System mit seinen eigenen Mitteln schlagen", sagte er daher auch, „die Regeln zwar akzeptieren, sich aber nicht vor ihnen ducken, sondern vielmehr auf ihnen reiten. Nicht eine ganz normale Firma gründen, sondern den Regeln selbst auf der Nase herumtanzen." Hier war sie also wieder, ach, die zweite Seite von Alexander von Schulenburgs Persönlichkeit, wobei sich natürlich sofort die Frage stellt, weshalb gerade Alexander von Schulenburg so etwas sagen musste. Schließlich stellten sowohl er als auch sein Freund, der Graf von Mandelwindel, durchaus die Prototypen derjenigen dar, die von dem, was zu dieser Zeit in der Wirtschaft ablief, am meisten profitieren würden.

In diesem Zusammenhang war neben dem Gründerboom und der damit verbundenen Aktienhausse hauptsächlich die Liberalisierung der Weltmärkte für Waren, Dienstleistungen und Finanzen, also schlichtweg das, was man treffender auch unter dem Phänomen „Globalisierung" zusammenfassen konnte, zu nennen. Denn ganz plötzlich wurde irgendwie alles grenzenlos, weshalb sich Alexander von Schulenburg und Bernhard von Mandelwindel in dieser Entwicklung eigentlich auch zu Hause fühlen sollten, da ihre Jugend und ihr vorangegangenes Leben ja bisher ebenfalls grenzenlos verlaufen waren.

Die Grenzenlosigkeit der anderen schien dann allerdings

doch der eigenen Grenzenlosigkeit auf einmal Grenzen zu setzen – auf jeden Fall war Alexander von Schulenburgs Idee anders kaum zu deuten. Denn nur wer plötzlich Grenzen spürt, wird so etwas von sich geben, wie Alexander von Schulenburg es in diesem Moment getan hat: „Man muss sich nicht nach den Gesetzen des Marktes richten, sondern vielmehr umgekehrt dem Markt die eigenen Gesetze vorschreiben."

Und hätte Bernard von Mandelwindel sich in seinem bisherigen Leben ein wenig mehr mit Philosophie beschäftigt, dann hätte er an dieser Stelle sicherlich vom Versuch einer kopernikanischen Wende gesprochen. Doch so fragte er nur mehr etwas erstaunt zurück: „Und wie willst du das machen?"

Alexander von Schulenburg wusste natürlich nur zu genau, dass die Verheißungen des Liberalismus, mit dem man immer wieder der Globalisierung positive Wirkungen attestieren wollte, Schimären waren. Ja, dass das Wirtschaftsbild, welches die herrschende liberale Wirtschaftstheorie zeichnet, nicht viel mehr als ein Idealbild darstellt, das jedoch mit der Wirklichkeit recht wenig zu tun hat. Denn dass der Marktprozess ein friedlicher Austausch von Gütern zwischen souveränen Konsumenten und Unternehmen zur Steigerung der allgemeinen Wohlfahrt ist, wie dies von liberalen Geistern vertreten und folglich an den meisten Universitäten gelehrt wird, das konnte nun wirklich niemand mehr glauben, der schon einmal das Nichts geschaut hatte.

Alexander von Schulenburg hatte also trotz seiner jungen Jahre und seines bisher eher eklektischen Werdegangs die Gesetze des Lebens in unserer Wirtschaftsordnung bereits bestens begriffen. Und hatte er mittlerweile nur darüber gesprochen, was es mit dem Geld auf sich hat, so sagte er nun auch, warum das so ist, wie es ist: „Das Geld wird deshalb künstlich knapp gehalten, damit alles andere im Überfluss vorhanden ist – Güter, Dienstleistungen und Arbeitskräfte." Eine brutale Veranstaltung also, so eine Geldwirtschaft. Und nichts mit dem Märchen der friedliebenden Rotkäppchen, die Liberalismus und Neoliberalismus uns ständig vorgaukeln. Und dass hierbei einer, der dies durchschaut hat, nicht mitspielen möchte, ist sicherlich nur zu verständlich.

Doch auf der anderen Seite ist eine gewisse Selbständigkeit im Wirtschaftsleben natürlich durchaus von Vorteil. Denn irgendetwas musste schließlich auch Alexander von Schulenburg in seinem und mit seinem Leben machen. Und dass er kein Angestellter werden würde, war sicherlich vollkommen klar. Zudem: Ist es mittlerweile nicht zur gängigen Lehrmeinung geworden, dass die Philosophen die Welt immer nur verschieden interpretiert hatten, es in Wirklichkeit jedoch darauf ankam, sie erfolgreich zu verändern?

Nun waren schließlich alle Zutaten bereitet, so dass Alexander von Schulenburg endlich die Drähte anlegen, den Strom anstellen und die Höllenmaschine anwerfen konnte, um seinen Homunkulus zum Leben zu erwecken. Und er sagte es schließlich in ganz schlichten und einfachen Worten: Man musste einfach die Seite wechseln. Wie ein Überschallflugzeug die unsichtbare Mauer des Geldes durchbrechen und das Nichts von rückwärtig aushöhlen. Sich schlichtweg nicht als Unternehmen, sondern gleich als eigener Staat selbständig machen. Ein Stückchen Land nehmen, eine eigene Nation nebst eigener Notenbank gründen – und basta. So einfach. Nicht mehr und nicht weniger.

Natürlich ist diese Idee, das musste auch Alexander von Schulenburg zugeben, zwar genial, aber durchaus auch nicht so fürchterlich neu – jedenfalls dann nicht, wenn man das Wort „neu“ in einem jungfräulichen Sinne betrachtet. Denn allein ein Blick auf die zersplitterte europäische Landkarte zeigt bereits, wohin der Trend geht. Und man muss hierzu nicht einmal nur auf den Balkan schauen. Denn selbst die Tatsache, kein eigenes Land zu besitzen, muss der Umsetzung dieses Planes nicht unbedingt hinderlich sein, wie dies zuletzt die Gründung des Fürstentums Sealand im Jahre 1967 auf einer besetzten und ausgedienten Kriegsbasis in der Nordsee gezeigt hat.

Doch alle diese Ländermodelle von Liechtenstein über Monaco, San Marino und Andorra bis hin zu Sealand verbindet ein gemeinsamer wesentlicher Konstruktionsfehler. „Ja, auch hier gibt es einen Systemfehler“, sagte Alexander von Schulenburg. Und genau hier galt es folglich, anzusetzen. Genau diesen Fehler galt es zu vermeiden. Denn natürlich kann man, wie gerade die Fälle Liechtenstein und Luxemburg zeigen, in beträchtlichem Umfang Vermögen sowie, worauf besonders das Beispiel Monaco verweist, auch die Vermögenden selbst anziehen. Aber was nutzt das alles? Nun gut, man zeigt den anderen Ländern eine lange Nase, indem man ein wasserdichtes Bankgeheimnis einführt, die Steuern auf null setzt und derart den anderen Ländern das Wasser abgräbt. Doch kann man von der Schadenfreude allein leben?

Und vor allem, wem nützt das, um einmal ganz ehrlich zu sprechen? Außer den Steuerflüchtigen, Drogenbaronen, Geldwäschern und Kriminellen jeglicher Art natürlich? Gut, selbstverständlich auch diese Leute brauchen eine Lobby, das ist ganz klar und durchaus logisch und verständlich. Alexander von Schulenburgs Gedanken gingen jedoch in eine ganz andere Richtung. Was nutzt es Liechtenstein, Luxemburg und Monaco, ein paar hundert Milliarden Gelder zur Vermögensanlage in das Land zu ziehen, wenn man sich unter „nützen“ tatsächlich einmal einen großen Nutzen vorstellt? Nun gut, davon lassen sich vielleicht ein, zwei oder vielleicht auch fünf Prozent jährliche durchschnittliche Verwaltungsgebühren kassieren. Doch ist das alles dann den Aufwand wert?

„Das kann doch alles nicht ganz ernst gemeint sein", entrüstete sich Alexander von Schulenburg: „Da gründet man extra ein eigenes Land, um damit haufenweise das Geld von Verbrechern anzuziehen, und dann bleiben davon nur ein paar mickrige Prozent im Jahr übrig? Und vor allem: Wenn diese Prozente wenigstens auf Dauer fließen würden, dann würde das ja noch gehen. Doch so wie es ist, ist das beim ersten Windhauch auch schnell wieder weg." Nein, das war sie also natürlich noch nicht, die große Idee, von deren Realisierung Alexander von Schulenburg uns hier erzählen wollte. Mindestens ein Versatzstückchen fehlte auf jeden Fall noch.

Doch was dann? Im Grunde genommen ist es alles viel einfacher, als man zuerst denkt. Denn der große Konstruktionsfehler der Staatengebilde von Liechtenstein über Luxemburg, Monaco, Andorra, den Channel Islands bis weit hinaus aufs Meer nach Sealand ist schlichtweg – in vollkommen identischer Manier – der folgende: In Liechtenstein ist der Schweizer Franken die herrschende Währung, Luxemburg wird vom Belgischen Franken dominiert, Monaco hat den Französischen Franken, Andorra die Spanische Peseta und die Channel Island sowie das Fürstentum Sealand das Britische Pfund.

Alle diese Länder haben somit zwar in Teilen eine gewisse Unabhängigkeit von den großen Hegemonialstaaten erreicht, in deren Schatten sie sich ihre Existenz aufgebaut hatten. Doch gerade in Hinsicht auf den Gravitationspunkt jeglicher Freiheit – in Bezug auf das Nichts sowie in Bezug auf das Geld – befinden sie sich auch weiterhin in hundertprozentiger Abhängigkeit von diesen. Sie verfügen nämlich allesamt einfach über kein eigenes Geld. Über keine eigene Notenbank und daher auch über kein eigenes Geld. Weshalb sie letztlich den großen Nationen vollständig ausgeliefert bleiben. Ganz so wie ein Landstreicher, der gleichsam von der Hand in den Mund durch die Hereinnahme krimineller und steuerflüchtiger Gelder in seinen durchlöcherten Beutel leben muss.

„Was für ein beschissenes Schicksal", entschied Alexander von Schulenburg denn auch. „Schließlich bleibt man so auf Dauer den Gesetzen des Marktes ausgeliefert, kann dem Markt jedoch selbst keine Gesetze vorschreiben." Hätten diese Länder es also doch lieber wie die Schweiz gemacht, die sehr erfolgreich vorgeführt hat, wie man durchaus eine eigene Währung haben kann und trotzdem auf das Geld von Verbrechern aller Art nicht verzichten muss. Aber auch das Modell der Schweiz hat natürlich einen grundlegenden Systemfehler, wenn man sie mit dem vergleicht, was nun in Alexander von Schulenburgs Hinterkopf bereits feste Gestalt und Realität angenommen hat.

Zwar gelingt es der Schweiz in ganz hervorragender Weise, den Finanzmärkten Vertrauen in die eigene Währung einzuflößen und damit dem Schweizer Franken ein hohes internationales Renommee zu verpassen, mit dem man im Einzelfall durchaus trefflich wuchern kann. Doch auch hier bleibt natürlich die alles entscheidende Frage unbefriedigend beantwortet. Denn diese lautet stets: Cui bono – wem nützt es? Und die Antwort fiel entsprechend traurig aus: Der Schweizer Notenbank geht es durchaus nicht schlecht, doch ihre Angestellten werden sicherlich lausig bezahlt und ihre Eigentümer – die Schweizer Bürger – sehen von dem ganzen Reichtum sowieso nichts.

Auch der Fall „Schweiz" erweist sich also bei näherem Hinsehen als ebenso ungeeignet für Alexander von Schulenburgs Plan, wie das auch bei den Liechtensteins und den Luxemburgs der Fall war. Und der Grund hierfür: Bei der Schweiz stimmen einfach die Proportionen nicht. Es gibt zwar währungsseitig die Unabhängigkeit, doch für Schulenburgs Plan ist das Land schlichtweg zu groß. Auch wenn es klein genug ist, um eine relativ direkte Demokratie zu praktizieren, für den hypermodernen Merkantilismus Schulenburgscher Provenienz ist es viel zu bevölkerungsreich.

Womit wir bereits das Heiligtum, das Zentrum des Schulenburgschen Planes betreten. Und was sehen wir hier? Zunächst einmal Schriftzeichen und Formeln wie die folgenden: Sei modern! Gehe immer mit der Zeit! Führe die anderen! Instrumentalisiere! Maximiere! Werde eine Aktiengesellschaft — oder zumindest: Werde wie eine Aktiengesellschaft! Und dann noch einmal: Instrumentalisiere! Maximiere!

Denn nichts ist doch heute unzeitgemäßer, als Nationalstaaten und Notenbanken wie öffentliche Körperschaften oder sonst welche damit verwandten bürokratischen Monstren zu führen. Und das in einer Zeit, in der sich bereits ganz normale Menschen als Ich-AG outen. Als Ich-AG, die verdammt noch einmal mit größtmöglicher Sorgfalt ihrer einzigen Bestimmung nachzugehen hat — sich selbst zu instrumentalisieren und damit den eigenen Shareholder-Value zu maximieren! Nicht nach dem Erfolg streben, den Erfolg verkörpern — und damit gleichsam die Grenze zwischen dem Haben und dem Sein zum Verschmelzen bringen.

Für die Romantik einer derartigen kategorialen Trennung war die Zeit mittlerweile nun wirklich bereits zu weit fortgeschritten. Denn wer kann es sich in Anbetracht der Tatsache, dass heutzutage nicht nur Arbeitnehmer, sondern schlichtweg ganze Länder durch ein gezieltes Lohndumping gegeneinander um ein paar wenige neue Jobs und Investitionen konkurrieren, noch leisten, sich auf dem ganz normalen Grill eine Extrawurst braten zu lassen? Dazu war die Lage doch wirklich zu ernst.

Der Weg aus dem Fliegenglas muss also ein brachialer sein. Und obwohl Bernhard von Mandelwindel in seinem Leben bereits eine ganze Menge erlebt hatte, war er jetzt sprachlos. So hatte er schon als Kind in den Tropen eine Kokosnuss auf den Kopf bekommen, als Jugendlicher in Sri Lanka ein Schiff untergehen sehen und später dann auch noch mit einem entfernten Verwandten exakt im richtigen Moment an der richtigen Stelle am türkischen Pavillon auf der Expo in Hannover gestanden. Doch gegen den jetzigen Moment verblassten alle diese Ereignisse allesamt, denn nun hing Bernhard von Mandelwindel die Kinnlade tatsächlich sichtbar hinunter: „Das verstehe ich nicht. Du willst ...?“

„... Ja, genau das will ich“, unterbrach ihn Alexander von Schulenburg postwendend: „Und wo, frage ich dich, wären die Bedingungen idealer als hier oben in Schwarzenstein?“

Sogleich geriet Alexander von Schulenburg völlig ins Schwärmen: „Schau dich doch einmal um. Hier oben, so weit in den Bergen, so vollkommen abgeschottet vom Rest der Welt und dennoch ganz zentral zwischen den wichtigsten Ländern Europas gelegen. Viel Fremdenverkehr, keine Industrie, gute Luft, ausreichende infrastrukturelle Anbindung, schon ein paar Banken vorhanden und vor allem eines – ein gutes Renommee. Was will man denn mehr?“

„Aber man kann doch nicht geografische Kriterien als Grund für ein Projekt auf einer völlig anderen Ebene anführen“, wandte Bernhard von Mandelwindel, einem plötzlichen Geistesblitz folgend, sofort ein. Und hiermit hatte der Graf von Mandelwindel natürlich wieder einmal völlig Recht. Denn wenn sich tatsächlich jeder, der Platz für einen Kaninchenstall hat, auch wirklich Kaninchen zulegen würde, dann wäre es mit Sicherheit ganz anders um unseren Planeten bestellt.

„Richtig“, bestätigte Alexander von Schulenburg daher auch, „aber das ist ja auch nur die notwendige, nicht jedoch die hinreichende Bedingung. Denn erst die macht natürlich die Brillanz dieser Idee aus. Man muss einfach nur beides zusammenpacken – ganz so wie bei den Synergien. Nur dass hier nicht eine nachweislich falsche Fährte wie beim „1 + 1 = 3“ gelegt wird, sondern dass wir durch das Nichts teilen. Und was das bedeutet, kann auch der Nicht-Mathematiker bereits erahnen.“

„Und du meinst, auf diese Idee wäre noch niemand anders gekommen?“, bemerkte Bernhard daraufhin erneut sehr treffend. „Glaubst du tatsächlich im Ernst, diese Idee haben nicht schon viele andere ebenfalls gehabt – und sind dabei schon vor dir an ihrer Unrealisierbarkeit elend gescheitert? Ich kann es gar nicht glauben, dass du das alles ernst meinst.“

Doch warum sollte Alexander von Schulenburg das nicht ernst meinen? Es würde natürlich bei der faktischen Umsetzung, aus der kleinen Gemeinde Schwarzenstein am Fuße des gleichnamigen Berges, der jedoch von den Einwohnern stets nur der „Zauberberg“ genannt wurde, einen eigenen Nationalstaat mit international anerkannter eigener Währung zu machen, einige Probleme geben. Doch welche Idee beinhaltete nicht im Vorhinein ein paar Hürden, die es zu überspringen gab? Ansonsten hätte man ja morgens nie mehr aufstehen dürfen.

Natürlich hätte man Alexander von Schulenburg jetzt durchaus einen Spinner nennen können. Doch waren nicht bisher in der langen und segensreichen Geschichte der Menschheit alle genialen Erfindungen irgendwie an der Grenze zum Wahnsinn geboren worden? Und war nicht vielleicht diese ganze globalisierte Weltwirtschaft, mit ihren von allen Regularien befreiten Finanzmärkten, selbst ein viel größerer Wahnsinn? Müsste man daher nicht vielmehr dieses ganze System als die Erfindung eines noch gefährlicheren Irren bezeichnen?

Oder andersherum gefragt: Wenn heutzutage bereits souveräne Nationalstaaten gezwungen waren, ihre internen Sozialstandards auf das Weltmarktniveau herabzuschrauben, wenn ihre Bürger schon allein dadurch gezwungen werden konnten, hormonbehandeltes Fleisch zu essen, weil die Regeln des Welthandels ihnen dies vorschrieben, und wenn deren Kinder keine festen Jobs mehr bekamen, weil das Weltmarktniveau nur noch Zeitverträge forderte, wäre da nicht eher ein heftiger Protest gegen dieses System zu erwarten gewesen als der hehre Versuch des Alexander von Schulenburg, im Rahmen der Spielregeln dieses Systems etwas Gutes zu bewirken?

In diesem Sinne war Alexander von Schulenburg also vielleicht tatsächlich ein Spinner. Ansonsten hatte er jedoch jegliche Logik auf seiner Seite. Denn Alexander von Schulenburg baute mit vollem Recht ganz und gar auf die maximale Entfaltung des Seigniorage-Effektes. Hier war er nämlich, der grundlegende Systemfehler all der anderen Länderkonzepte, dass diese entweder gar keinen Seigniorage-Effekt ausnutzen oder aber ihn aufgrund der Größenverhältnisse nicht instrumentalisieren und schon gar nicht maximieren konnten. Was sich jedoch in Schwarzenstein völlig anders darstellen würde.

Der Begriff „Seigneur“ stammt aus vergangenen Zeiten und bezeichnet einen feudalen Landherren, der ohne eine eigene Leistung zu erbringen, eine beträchtliche Rente aus seinem Grund und Boden ziehen kann, die allemal ausreichend ist, um sich ein luxuriöses Leben zu leisten. Der Seigniorage-Effekt bezeichnet damit die Fähigkeit, gleichsam aus dem Nichts etwas zu machen. Und nichts anderes wollte schließlich Alexander von Schulenburg mit seinem Plan erreichen. Denn nicht anders wurde schließlich auch das Geld geschöpft als aus dem Nichts.

Nun verfügte die Gemeinde Schwarzenstein natürlich nicht über einen so großen Grundbesitz, dass sie tatsächlich ein Seigneur im ursprünglichen Sinne würde sein können. Doch das wollte man natürlich auch gar nicht! Die neue Nation Schwarzenstein sollte vielmehr mit einem ganz anderen Pfund wuchern. Und das würde ihr Geld sein – und damit ihre Notenbank. Denn schließlich verfügt eine Notenbank bereits von Geburt an über den Seigniorage-Effekt. Er ist ihr gleichsam angeboren, untrennbar mit ihr verbunden und sie ewig wärmend, ganz so, wie das auch beim Kaninchen und seinem Fell der Fall ist.

Und das kommt so: Um ihr eigenes Geld in den Umlauf zu bringen, muss eine Notenbank andere Vermögensgegenstände ankaufen. Dies ist natürlich insofern eine sehr angenehme und spaßbringende Tätigkeit, weil man das Geld für diese Käufe nicht nur selber drucken kann, sondern sogar selber drucken muss. Denn anders ist schließlich das Geld nicht unter die Leute zu bringen. Würde man es nämlich verschenken, anstatt es zu verkaufen, dann würde es gerade dadurch plötzlich wertlos werden. Denn nichts, was man verschenkt, kann einen Wert haben. Nicht einmal das Nichts.

Eine Notenbank muss sich also dazu durchringen, den schweren Weg zu gehen, Gold, Edelsteine und sonstige wunderbare Wertgegenstände gegen die Herausgabe des eigenen Geldes in ihre Schatztruhe und ihren Tresor aufzunehmen. Nicht aus Eigennutz, wie gesagt, sondern ausschließlich, um im Ganzen etwas Gutes zu bewirken und den Spielregeln zu entsprechen. In ihren Tresoren finden sich jedoch außer Gold und Edelsteinen auch zinstragende Vermögensgegenstände wie beispielsweise festverzinsliche Wertpapiere und Wechsel. Doch letztlich ist es natürlich völlig egal, ob ein Vermögenswert Zinsen erbringt oder nicht, denn auch aus dem Gold, den Edelsteinen und ganz besonders aus den Devisen kann man trefflich Zinsen abpressen, indem man sie an Spekulanten ausleiht oder eben ganz banal bei anderen Notenbanken gegen Zinsen deponiert.

Und das bedeutet: Jede Notenbank erzielt ein beträchtliches Zinseinkommen aus ihren Vermögensgegenständen, muss jedoch selbst keine Zinsen zahlen, da die von ihr im Austausch gegen diese Vermögenswerte herausgegebenen Geldscheine unverzinslich sind. Die Notenbanken sind damit also die Seigneurs der heutigen Zeit, die Landlords der Moderne, die gleichsam aus dem Nichts ihre Macht verliehen bekommen, über das Wohl und Wehe sowie über Schicksal und Zukunft dieser Welt zu entscheiden. Denn Gott ist tot, der Papst ein Greis, die Kreuzzüge lange her, die Inquisition vergessen, das Opferlamm verwest – und nur das Geld zieht weiterhin einsam seine Bahnen im riesigen Nichts unseres Weltenraumes.

Und wer würde bei diesem Raubzug nicht gerne dazugehören? Alexander von Schulenburg auf jeden Fall wollte es. Denn das war doch wirklich ein wenig mehr als so ein zeitlich extrem limitierter Freifahrtschein an der Börse. Nein, das war vielmehr etwas fürs Leben. Und vielleicht nicht nur das. Vielleicht war es sogar das Leben selbst. Oder noch mehr – das, was letztlich über das Leben oder das Nichtleben entscheiden würde.

Der richtige Knalleffekt kam also erst jetzt: Und er setzt sich aus zwei Teilen zusammen, die, gleichsam wie bei einem Zweikomponentenkleber, erst gemeinsam in der Zueinandermischung ihre volle explosive Wirkung erzielen. Und dies ist auf der einen Seite die monetäre Autonomie und auf der anderen Seite die im Vergleich zu anderen Staaten nur verschwindend geringe Einwohnerzahl von Schwarzenstein. Doch beides zusammengemischt bedeutet schließlich, dass sich ein Seigniorage-Effekt pro Einwohner in einer Größenordnung ergibt, dass davon nicht nur die Notenbank und ihre Initiatoren, sondern schlichtweg das ganze Land, die ganz Nation, ja sogar das ganze Volk würde leben können!

Alexander von Schulenburg veranschaulichte diese Überlegung sofort an einem kleinen Rechenbeispiel, welches er auf einer Papierserviette, die er auf dem Frühstückstisch fand, für die Nachwelt verewigte. Diese Papierserviette sollte im Übrigen später einmal tatsächlich nicht nur Wirtschaftsgeschichte schreiben, sondern sogar die Aufnahme in die etablierten Lehrbücher der Wirtschaftstheorie finden. Doch so weit war die Geschichte an diesem Punkt natürlich noch nicht vorangeschritten.

„Nehmen wir an", sagte Alexander von Schulenburg, „die zukünftige Republik Schwarzenstein hätte 1.000 Einwohner und es würde der neuen Notenbank nur gelingen, etwa ein Hundertstel der Bilanzsumme der Deutschen Bank zu erreichen. Die Deutsche Bank hatte im Jahr 1999 eine Bilanzsumme von 840 Milliarden Euro, wovon 780 Milliarden Euro in Form von Kreditforderungen bestanden. Nehmen wir auch hier nur ein Hundertstel, dann müsste die neue Notenbank für 7,8 Milliarden Euro eigene Geldscheine emittieren und damit in gleicher Höhe Devisen und sonstige Vermögenswerte aufkaufen. Das sollte in der Tat nicht schwer fallen, denn 7,8 Milliarden Euro sind schließlich nicht mehr als die Marktkapitalisierung des Münchener Medienunternehmens EM.TV am Neuen Markt in Deutschland.

So, und diese 7,8 Milliarden Euro werden nun zu – sagen

wir – vielleicht sechs Prozent am Kapitalmarkt angelegt, was bei den heutigen Zinsen im Dollarraum ja wahrlich eine konservative Schätzung ist. Sechs Prozent von 7,8 Milliarden Euro sind 468 Miollionen Euro. Umgelegt auf die Bevölkerungsanzahl von Schwarzenstein wären das immerhin 468.000 Euro pro Einwohner pro Jahr. Und davon, ich bitte dich, kann man doch sicherlich wunderbar leben."

Bernhard von Mandelwindel hatte den Ausführungen Alexander von Schulenburgs mit anhaltend offenem Mund zugehört. Und da er erst einmal sprachlos blieb, steckte er zunächst die Papierserviette in seine Hosentasche, auf die Alexander von Schulenburg seine Zahlen geschrieben hatte, was sich im Nachhinein – zumindest aus wissenschaftshistorischer und antiquarischer Sicht – als eine der entscheidendsten Taten seines gesamten Lebens erweisen sollte.

Aber warum sollten die Anleger 7,8 Milliarden Euro in einer neuen Währung anlegen, von der sie doch noch gar nicht genau wussten, wie seriös sie sich einmal darstellen würde? Tja, vielleicht aus demselben Grund, aus dem die Anleger exakt die gleiche Summe von 7,8 Milliarden Euro in dem Unternehmen EM.TV angelegt hatten, von dem sie ja ebenfalls noch nicht wissen konnten, welchen Grad der Seriosität es einmal erwischen würde. Doch hier, so beeilte sich Alexander von Schulenburg sofort hinzuzufügen, würden die Parallelitäten dann natürlich sofort enden.

Es gab allerdings auch noch gewichtigere Punkte als diesen, der sich sicherlich nicht als der am schwersten zu lösende entpuppen würde. Denn wie soll, so werden jetzt sicherlich nicht nur die professionellen Ökonomen fragen, das freie Spiel aus Angebot und Nachfrage in einer so kleinen Volkswirtschaft mit einer derartigen Auslandsabhängigkeit überhaupt funktionieren? Wie sollen die Marktkräfte, der Souverän aller demokratisch verfassten

Wirtschaftsordnungen, sich hier frei entfalten können, ohne sofort von der Auslandsabhängigkeit stranguliert zu werden?

Diese zunächst sehr schwierig anmutende Frage, wie nämlich eine derartige Nation in das freie Spiel der liberalisierten Weltmärkte eingebunden werden konnte, ließ sich jedoch schon auf den zweiten Blick sehr präzise in nur sechs Worten beantworten: Sie würde sich gar nicht einpassen! Sie würde sich mit ihrem Binnenmarkt nicht den Regeln des Weltmarktes unterwerfen, sondern vielmehr diesem ihre eigenen Regeln aufdrücken. Denn wie hatte doch Alexander von Schulenburg vorher bereits gesagt: „Man muss sich nicht nach den Gesetzen des Marktes richten, sondern vielmehr umgekehrt dem Markt die eigenen Gesetze vorschreiben."

Da wir jetzt ja bereits wissen, dass das Geld die Welt regiert, dass also die Börsen- und Finanzmärkte die Märkte für Güter und Dienstleistungen regieren, müssten wir uns um die Schwarzensteiner Wirtschaft freilich nur dann noch Sorgen machen, wenn wir an den Vermögensmärkten Verwerfungen fürchten würden. Doch warum sollten wir so etwas fürchten? Denn letztlich ist doch, wie nicht nur der mit allen Wassern gewaschene John Maynard Keynes uns immer wieder eingetrichtert hat, an den Börsen und Finanzmärkten alles immer nur eine Frage des Vertrauens. Würde es also den Schwarzensteinern gelingen, das Vertrauen der Märkte für ihr neues Land, für ihren sensationellen Standard der vollkommenen Abwesenheit von Sozialsystem und Steuerzahlung sowie für ihre neue Währung zu erlangen, dann wäre alles gut. Dann wäre das Spiel gewonnen. Mehr war tatsächlich nicht erforderlich. So einfach konnte die Welt manchmal sein.

Doch was ist mit den Touristen? Würde ein hoher Wechselkurs als Resultat eines großen Vertrauens sie letztlich nicht verschrecken – und damit Schwarzenstein seiner ursprünglichen Einkommen berauben? Aber auch auf diesen Einwand hatte Alexander von Schulenburg sich selbstverständlich vorbereitet. Denn an Belanglosigkeiten wie ein paar Touristen durfte ein derart großer Wurf natürlich nicht scheitern. Gerade in Anbetracht der Tatsache, dass der Reiseetat aller Skiläufer, die im ganzen Jahr in Schwarzenstein Urlaub machten, höchstens halb so groß war wie der Umsatz an den Devisenmärkten in ein paar Sekunden.

„Na und", sagte Alexander von Schulenburg deshalb auch sofort, „dann setzen wir die Preise eben herunter und zahlen die Differenz aus der Seigniorage-Kasse."

Und wenn der Wechselkurs nun eher fallen sollte und damit die Importgüter viel teurer werden sollten?

„Na und", so Alexander von Schulenburg auch hier, „dann lassen wir die Preise eben steigen und zahlen die Differenz aus der Seigniorage-Kasse."

Doch ist so etwas eigentlich mit den internationalen Spielregeln vereinbar? Oder ist es nicht eher gemein, die anderen nach der Pfeife tanzen zu lassen und selbst dabei vor Freude Purzelbäume zu schlagen? Diese Frage war insoweit eine von Alexander von Schulenburgs Lieblingsfragen, da sie erstens in dieser Form eigentlich gar nicht gestellt werden durfte, und zweitens die Antwort vernichtend ausfällt: Denn die Geschichte der Weltwirtschaft zeigt ziemlich überzeugend, dass stets gerade diejenigen Länder den steilsten Aufstieg erzielen, die – in bester Schulenburgscher Manier – sich eben nicht nach den Gesetzen des Marktes richten, sondern denen es vielmehr gelingt, dem Markt ihre eigenen Gesetze vorzuschreiben.

Der Bundesrepublik Deutschland beispielsweise wäre nach dem Zweiten Weltkrieg ihr wirtschaftlicher Aufstieg niemals gelungen, wenn sie ihre Währung – analog zu den Marktgesetzen– in einem Maße aufgewertet hätte, wie es ihrem wirtschaftlichen Erfolg entsprochen hätte. Doch wie ein wild gewordener Chirurg im Operationssaal wurde hier alles sterilisiert, was daherkam, und damit über Jahrzehnte hinweg die D-Mark künstlich unterbewertet gehalten – und mit den daraus resultierenden Exporterfolgen zu Lasten derjenigen, die im Vergleich dazu die Regeln geachtet haben, der Aufstieg in die Erste Welt geschafft. Oder Japan: Denn auch Japan hat den Aufstieg in die Erste Welt letztlich nur dadurch geschafft, weil es zwar kräftig exportiert, doch selbst einfach nichts vom Ausland gekauft hat.

Doch manchmal muss man vielleicht gar nicht einmal so weit gehen. Manchmal reicht es durchaus, so zu tun als ob. Wie in den USA und in China. In den USA existieren zum Beispiel zwei Drittel der Zuwächse des Sozialproduktes der letzen Jahre ausschließlich auf dem Papier. Weil man gemerkt hat, dass es viel produktiver ist, die Investitionen in Computer nicht zu den ständig sinkenden Marktpreisen in der Sozialproduktsermittlung zu bewerten, sondern vielmehr zur gestiegenen Funktionsvielfalt. Und sofort ist der Geist der Statistik aus der Flasche heraus – und bildet nicht mehr die Welt so ab, wie sie ist, sondern schafft sich vielmehr genau umgekehrt seine ganz eigene Welt.

Und in China werden die Zahlen des Sozialproduktwachstums des laufenden Jahres in jedem Jahr bereits am 30. Dezember veröffentlicht. An dieser Stelle konnte Alexander von Schulenburg folglich auch kaum noch an sich halten und lachte herzlich auf: „Ich meine, die ganze Weltöffentlichkeit nimmt es den Chinesen ab, dass man in diesem Riesenreich bereits einen Tag vor Toresschluss die exakte Zahl der erwirtschafteten Güter und Dienstleistungen ermittelt haben kann, und da sollte so eine kleine

Preisspielerei in einem Land mit nur 1.000 Einwohnern ins Gewicht fallen? Da lachen ja die Hühner."

„Das will ich dir lieber nicht wünschen, dass bei deiner Idee die Hühner lachen", antwortete Bernhard von Mandelwindel. Auch hier wieder hatte der Graf von Mandelwindel mit seiner kurzen und knappen Bemerkung wieder einmal zu hundert Prozent die Faktenlage getroffen. Denn einerseits bot Alexander von Schulenburgs Plan tatsächlich keinen Anlass zu ökonomischem Widerspruch, weshalb es natürlich auch keinerlei Grund gab, darüber ernsthaft zu lachen. Und andererseits hätte ein derart negatives Hühnervotum es Alexander von Schulenburg sicherlich noch schwerer gemacht, diese frische und neue Idee in der festgefahrenen Welt von heute unter die Leute zu bringen.

Doch auch auf diesen Themenkreis hatte sich Alexander von Schulenburg bestens vorbereitet: „Respektspersonen, wir brauchen Respektspersonen", antwortete er nämlich auf diesen Einwand. „Mir nimmt das natürlich niemand ab. Das ist richtig. Doch ich liefere ja nur die Idee; verkaufen und öffentlich auftreten müssen damit nachher jedoch andere. Aber hier, so denke ich, verfügen wir doch durchaus über einen guten Fundus. Denn hier stehen wir doch keineswegs direkt vor dem Nichts."

„An wen hast du gedacht?"

„Ab morgen tagen die Rotarier in Schwarzenstein."

Dem Grafen von Mandelwindel schoss sofort der Schreck in die Glieder – Freimaurer, Gebetsbrüder und Tempeldiener. „Aber nein, keine Loge, ich weiß. Dennoch nicht minder schlimm."

„Mag sein", bestätigte Alexander, „trotzdem habe ich für morgen Abend schon einen Gesprächstermin gemacht. Mit Alain le Cocq-Bleue."

„Hui, gleich ganz oben", begeisterte sich Bernhard von

Mandelwindel, der bei diesem Thema ganz plötzlich und sichtbar wieder Boden unter den Füßen spürte.

„Ja, ganz oben. Wenn schon, denn schon, zauberbergmäßig eben.“

3. Respektspersonen, Respektspersonen

Alain le Cocq-Bleue saß in einem weich gepolsterten Lehnstuhl in der Loggia des Hotels zum Zauberberg. Er hatte sich eine Zigarre angesteckt und grübelte gerade darüber nach, ob er den jungen Leuten von heute wohl eher imponieren konnte, wenn er die Manschette an seiner exklusiven Zigarre beim Rauchen kleben ließ, oder ob die jungen Leute von heute vielmehr mit diesen wunderbaren Etiketten und Markensigeln sowieso nichts mehr anzufangen wussten.

Alain le Cocq-Bleue war das, was man dem Volksmund nach einen glücklichen Mann nennen konnte. Er hatte fast alles erreicht, von dem ein Mann gemeinhin träumen konnte. Doch allerdings nur fast. Und genau das war der Punkt, an dem Alexander von Schulenburg unter partieller Mitwirkung von Bernhard von Mandelwindel, dessen Vater gemeinsam mit Alain le Cocq-Bleue beim Militär gedient hatte, ihn packen wollten. Denn wer es bereits geschafft hatte, fast alles zu erreichen, der würde sicherlich auch die Einladung zum letzten Triumph nicht ausschlagen. Kurz vor dem Gipfel des Mount Everest macht man nämlich wohl auch dann nicht kehrt, wenn der Sauerstoff sich bereits dem Ende zuneigt.

Der Terminkalender von Alain le Cocq-Bleue war stets voll gefüllt bis an die Grenze des maximal zur Verfügung stehenden Zeitlimits. Dies hatte zwei ganz entscheidende Vorteile: Einerseits konnte sein Inhaber dadurch tatsächlich überall dort präsent sein, wo es auch nur im Entferntesten darauf ankam, präsent zu sein. Und andererseits schützte ihn diese Terminvielfalt natürlich vor unnötigen Grübeleien sowie jeglicher Art von dummen Gedanken.

Denn ein Tiger, der über den Grat des Felsens geht, darf sich keine Gedanken über den Sinn der Welt machen – oder er droht abzustürzen.

Alain le Cocq-Bleue war der Herrscher über ein Sortiment von 120 maßgeschneiderten Herrenhemden sowie mindestens derselben Anzahl von Seidenkrawatten, über zwei Schränke von ebenfalls maßgeschneiderten Anzügen sowie natürlich über eine stattliche Summe von handgefertigten Budapester Schuhen. Mit einem Wort, Alain le Cocq-Bleue war gut sortiert. Seine elegante Kleidung verschaffte ihm Sicherheit, seine grauen Haare verliehen ihm Weisheit, sein mit Antiquitäten gefülltes Haus in schönster Hanglage am Genfer See ließ ihn träumen, sein Weinkeller versetzte selbst die größten Connaisseurs in Staunen und allein das Abstauben seiner Bibliothek ernährte bereits eine Halbtagsputzfrau. Kurzum: Alain le Cocq-Bleue war ein Mann wie aus dem Bilderbuch.

Und da, wie Alexander von Schulenburg es immer wieder behauptete, die Welt selbst mittlerweile zum Bilderbuch verkommen war, musste dieser Mann folglich der richtige Mann für diese Aufgabe von Weltgeltung sein. Man würde ihn dafür nur angemessen hofieren müssen. Angefangen hatte Alexander von Schulenburg damit selbstverständlich gleich bei der Begrüßung, als er dem alten Herrn mit seiner Frage nach dem Komfort der Anreise genau das richtige Stichwort gegeben hatte: „Ach wissen Sie, junger Mann“, antwortete dieser nämlich daraufhin, „wenn Sie so wie ich beinahe täglich mit dem Hubschrauber unterwegs sind, dann ist selbst das nichts Besonderes mehr.“

Alain le Cocq-Bleue legte daraufhin den Gesichtsausdruck auf, der gemeinhin bei ihm für Gewöhnlichkeit stand, und zündete sich eine neue Zigarre an. Genüsslich zog er den Rauch in seine Lungen, hustete kurz und blies ihn dann in Richtung des Deckenleuchters. Das nächste Stichwort lautete schließlich „Krawattennadel", woraufhin Alexander von Schulenburg erfuhr, dass er hier tatsächlich eine Legierung von Gold aus alten russischen Goldmünzen sowie einigen Bernsteinstücken aus dem legendären Bernsteinzimmer vor Augen hatte und dass es genau diese Mischung war, die dem gesamten Ensemble seine einzigartige Note und Färbung gab.

Es stand also bereits 2:0 – und Alexander von Schulenburg hatte beide Tore absichtlich durchgelassen. Doch dann, nachdem sich der Spielstand aufgrund einer sachlichen Darlegung völlig unemotionaler Tatbestände sowie des damit verbundenen völligen Verzichts auf die Erwähnung weiterer Devotionalien für einige Zeit nicht mehr verändert hatte, kam plötzlich der entscheidende Moment. Alain le Cocq-Bleue überlegte zunächst bedächtig, zog sich die Manschetten gerade und drehte beide Manschettenknöpfe in eine symmetrisch zueinander ausgerichtete Position. Er nahm einen tiefen Zug an der Zigarre, hustete erneut kurz und blies den Rauch erneut in Richtung des Deckenleuchters. Dann jedoch sagte er endlich die lang erhofften Worte: „Also, ich habe ja wirklich schon viel in meinem Leben erlebt, aber so etwas tatsächlich noch nicht."

Er fiel einen weiteren langen Moment zurück in seine tiefe Nachdenklichkeit, nahm einen weiteren Zug, hustete ein weiteres Mal und spann sogleich den Faden von vorher weiter: „Ja, ja, das hat schon alles seine innere Logik. Das sehe ich sehr wohl." Und dann fügte er hinzu: „Eine ökonomische Logik jedenfalls." Denn politisch konnte sich der alte Herr natürlich kaum vorstellen, dass Europa einfach aus seiner Mitte jemanden aussteigen lassen würde, der dann hinterher zur eigenen ökonomischen Bedrohung werden könnte. Wenn das mit dem Euro scheitern würde, dann vielleicht. Doch ganz so weit war man in dieser Hinsicht ja noch nicht. Nein, dazu kannte er seine Pappenheimer in Berlin, Wien, Rom und Brüssel tatsächlich zu genau.

Aber auch in politischer Hinsicht hatte sich Alexander von Schulenburg so seine Gedanken gemacht. Die ökonomische Begründung musste stichhaltig sein, das war klar. Und das war sie auch. Doch die ökonomische Argumentation allein hätte natürlich niemals als Beleg zum Versuch der Gründung eines neuen Staates ausgereicht, das war Alexander von Schulenburg durchaus klar. Denn das politische Europa wäre sicherlich im Höchstfall einmal kurz aufgeschreckt, wenn ein derart rein ökonomischer Vorschlag selbst von einer Respektsperson wie Alain le Cocq-Bleue eingebracht worden wäre, hätte ihn anschließend jedoch in Sekundenschnelle mit dem Hinweis auf die gerade erst erreichte europäische Einigung auf Nimmerwiedersehen in die Schubladen der Geschichte zurückverwiesen.

Man musste es also genau umgekehrt angehen, hatte sich Alexander von Schulenburg daraufhin überlegt. Während man im Inneren ökonomisch argumentierte – wobei mit den Bergbauern, Hoteliers und Skiliftbetreibern bis zu diesem Zeitpunkt ja noch niemand geredet, geschweige denn, sie um ihre Zustimmung gefragt hatte –, musste man nach außen das Ökonomische – und dabei ganz besonders das ökonomisch Positive – verschleiern, um die Bedrohung für die anderen zu kaschieren, dafür jedoch einen umso politischeren Grund anführen, weshalb dieses Vorhaben auf jeden Fall doch durchgeführt werden musste.

In Hinsicht auf den ersten Punkt war Alexander von Schulenburg natürlich überaus optimistisch: Denn den Politikern ökonomische Tatbestände zu verschleiern, das dürfte in der Tat nicht allzu schwer fallen. Man musste hierzu nur einmal einen Blick in die diversen Rentenreformen der letzten Zeit werfen, um zu merken, mit welcher Begeisterung jedes Mal die Nebelkerzen gegenüber dem ökonomischen Sinn präferiert wurden. Doch auch in Hinsicht auf die politische Begründung hatte Alexander von Schulenburg ein gewichtiges Argument vorzubringen.

Die Verbraucher hatten mittlerweile von den dauernden Lebensmittelskandalen und Umweltkrisen ziemlich die Nase voll! Das war zwar insofern völlig egal, da die Politik schließlich wenig mit den Verbrauchern zu tun hat, weil dies doch eher der Weideplatz der Unternehmen ist. Leider jedoch sind zumindest einige der Verbraucher gleichzeitig auch noch Wähler, was damit natürlich einen sofortigen und unmittelbaren Handlungsbedarf herbeiführt. Doch wie sollte man nun ein derartiges Problem auf die Schnelle lösen?

Es ist gar nicht so einfach, denn Lebensmittelverseuchungen und Umweltschäden kommen dadurch zustande, dass es dem Markt nicht gelingt, die externen Effekte der Produktion zu internalisieren – und daher kein Land diese für sich selbst internen Effekte vollständig externalisieren kann. Das magische Zauberwort hieß daher also „Outsourcing". Doch auch hier brauchte man mittlerweile ein völlig neues Konzept, um bei den Wählern zu bestehen.

Hatten nämlich bisher alle Unternehmen und Staaten stets versucht, ihren Müll einfach aus ihrem Land herauszuwerfen, also beispielsweise in die Nordsee outzusourcen, so konnte man mittlerweile allerdings dem Chaos im Inneren am treffendsten dadurch begegnen, dass man einfach einen Musterfall outsourcen würde. Natürlich nicht, um dann nur noch den Dreck zurückzubehalten, nein, sondern vielmehr wegen der besseren Sichtbarkeit. Kurzum: Eigentlich hätte man gerade jetzt ein reines ökologisches Gewissen sehr gut gebrauchen können. Und wenn man es denn selbst schon nicht schaffen würde, mit dem ganzen selbst fabrizierten Dreck klarzukommen, konnte man sich doch immer noch das Erfolgsrezept von alkoholabhängigen und auf der ganzen Linie gescheiterten Eltern zunutze machen: Meine Kinder sollen es einmal besser haben als ich. Und mit der Puppenstube fangen wir an: Schwarzenstein wird eine ökologische Musterrepublik mitten im Herzen Europas.

Und dort, wo Milch und Honig fließen würden, müsste die Energie aus einem Wasserkraftwerk kommen – ausschließlich angetrieben vom Schmelzwasser des eigenen Gletschers. Das ganze Land wäre eine große autofreie Zone. Benzin ist unbekannt. Elektrowagen können von jedermann unentgeltlich benutzt werden. Geheizt wird mit Sonnenkollektoren, gespeist aus einem interjahreszeitlichen Wärmetransfer. Abfall wird zu hundert Prozent recycelt. Wachs auf den Skiern ist verboten. Alle Verbote werden medial überwacht. Die Lifte werden durch eine Umlenkung der Gravitationskräfte angetrieben. Und der Tourismus ist sanft wie die Haut eines Babypopos.

Selbstverständlich wird das alles zu jeder Sekunde live in die ganze Welt übertragen, damit jeder Mensch auf dieser Welt sehen kann, wie sauber es doch in Europa vor sich geht: Mein Gott, so funktioniert eine perfekte Umwelt! Wobei die Bewohner von Schwarzenstein den Container natürlich jederzeit verlassen und sogar beliebig wieder zurückkehren können. Doch was man dabei natürlich nicht sehen kann, ist, wie hinter den Kameras umso ungehinderter und ungenierter die großen Geldströme hin- und herfließen.

Das musste der Weg sein! Denn weder waren die Schwarzensteiner eine ethnische Minderheit, noch konnten sie sich auf alte Absprachen berufen, auf Verträge pochen oder eine bedeutende internationale Lobby vorweisen. „Oh, là, là. Ich kenne tatsächlich viele entscheidende

Leute, und mein Einfluss ist nicht unbedeutend", meinte denn auch Alain le Cocq-Bleue, dem diese Idee sichtlich zu gefallen schien.

Vielleicht lag das ja daran, dass Alain le Cocq-Bleue bei Schwarzenstein plötzlich an seine Lieblingsinsel, die Isle of Man in der Irischen See denken musste. Zu diesem Thema hatte er nämlich vor kurzer Zeit in seiner Leib-und-Magen-Lektüre, der Financial Times, einen Artikel gelesen, der wunderbar verdeutlichte, mit welchen ganz besonderen Vorteilen, wenn man einmal von den rein geldlichen Dingen absah, derartige von ihrer Umwelt abgeschottete Kleinode wuchern konnten. Denn neben den ganz normalen Freiheiten in Hinsicht auf die Steuerpflicht und das Finanzgebaren gegenüber dem britischen Mutterland stellte diese Insel derzeit den Modellfall moderner Telekommunikation schlechthin in der ganzen Welt dar.

Eine Tochtergesellschaft der British Telekom hatte nämlich auf der gesamten Insel das neue Übertragungssystem UMTS bereits installiert, um rechtzeitig vor ihrem Marktauftritt auf den großen europäischen Telefonmärkten hier bereits wertvolle Erfahrungen sammeln zu können. Wohingegen auf dem Kontinent eine derartige Testmöglichkeit auf einem abgeschotteten Gebiet grundsätzlich nicht bestand, weshalb auch zu vermuten war, dass hier die teuren UMTS-Lizenzen zu einer noch höheren Pleitewelle würden führen können, als dies momentan selbst für die Pessimisten antizipierbar war.

Doch ersetzte man einmal die Begriffe „UMTS" und „Telekommunikation", mit denen zukünftig sowieso kein Geld mehr zu verdienen sein würde, so kombinierte Alain le Cocq-Bleue jetzt, einmal durch andere technische Begriffe, von denen er im Moment sich jedoch an keinen mehr erinnern konnte, dann sah er vor seinem geistigen Auge bereits paradiesische Zustände aufmarschieren. Weshalb er auch sofort das neue Schlagwort von sich gab, welches ihm gerade eingefallen war: Forget Silicon Valley. Come to Schwarzenstein. Come to Silicon Mountain!

Anschließend jedoch beugte sich Alain le Cocq-Bleue nach vorn und stützte seinen Kopf auf die rechte Hand, wobei Alexander von Schulenburg unweigerlich sehen konnte, dass das Lächeln aus seinem Gesicht bereits wieder verschwunden war. Der Dinosaurier war aus der dünnen Höhenluft wieder in den stickigen Alltag zurückgekehrt: „Habt ihr euch denn schon einmal näher mit den juristischen Details auseinander gesetzt?“ Das klang natürlich so, als ob auch Alain le Cocq-Bleue sich nicht auf Dauer scheute, der Skepsis ins Antlitz zu schauen, doch ließ er ebenfalls erkennen, dass er sich dann, wenn er etwas für eine gewinnbringende Idee hielt, von keiner Kraft der Welt von deren Realisierung würde abhalten lassen. Und das war doch, so fand Alexander von Schulenburg, zumindest einmal keine schlechte Nachricht.

Schließlich war doch bisher die ganze Weltgeschichte stets nach diesem Muster abgelaufen: Wer über derart exzellente Verbindungen verfügt, wer ein derartiges Netz durch ganz Europa gesponnen hat, der – und nur der – kann auch tatsächlich einiges erreichen. Dass man ihm das jedoch so recht eigentlich nicht zutraute? Pah, von welchen Dingen bekam der normale Sterbliche denn überhaupt etwas mit? Die Presse schrieb zwar immer fleißig, doch letztlich, was wusste sie schon? Wer würde auch Alain le Cocq-Bleue die maßgebende Rolle zutrauen, die er nun bereits seit Jahrzehnten im Spinnennetz des Elf-Aquitaine-Konzerns bekleidete? Urteilen wir daher lieber nicht so schnell, gerade in Anbetracht des Heeres von Juristen, die ihm gewogen waren und die Alain le Cocq-Bleue zu jeder Sekunde auf dem ganzen Weltball für sich rekrutieren konnte.

Doch momentan dachte Alain le Cocq-Bleue überhaupt nicht an diese Juristenschar, sondern wechselte ganz abrupt das Thema und sagte: „Morgen kommt mein alter Spezi Grünspan ebenfalls nach Schwarzenstein. Würde mich interessieren, was er dazu zu sagen hat. Denn ich denke, in einem Punkte geht er ganz sicher mit mir konform: Das wäre wirklich noch einmal eine schöne Herausforderung auf unsere alten Tage.“

4. Die Geister, die wir riefen

„Denken Sie nur einmal daran, Herr Grünspan“, sagte Alexander von Schulenburg mit Nachdruck, während Bernhard von Mandelwindel gleichzeitig versuchte, ein halbwegs intelligentes Gesicht zu machen, „dass die Ungleichheit der Einkommensverteilung bereits wieder das Niveau vom Ende der zwanziger Jahre erreicht hat. Und sie wird sich sicherlich noch ausweiten. Denn einen derartigen Vererbungsprozess wie gegenwärtig haben wir in der Geschichte bisher noch nie erlebt.“

„Ja, ja, der leidige Zinseszinseffekt“, entgegnete Abraham Grünspan, der in etwa das gleiche Alter wie sein Freund Alain le Cocq-Bleue besaß, ihm jedoch ansonsten nicht unbedingt ähnelte, da Grünspan sich ganz im Gegensatz zu le Cocq-Bleue eher weniger auf das Repräsentieren verstand, sich dafür jedoch umso mehr für das Analysieren interessierte. Beide ergänzten sich daher in fast idealer Weise. Hinzu kam, dass sie sich bereits seit ihrer frühesten Jugendzeit kannten und auch später gemeinsam eine ganze Menge erlebt hatten. Grünspan war also ein Mann der nüchternen Fakten, die er jedoch nur selten ohne eine gewisse Portion an Zynismus zu interpretieren wusste.

„Ich weiß, ich weiß“, antwortete denn Abraham Grünspan auch, als das Gespräch mit Alexander von Schulenburg bereits bei den eher philosophischen Themen angelangt war. „Ein völlig freies Laisser-faire-System führt immer zu kumulativen Effekten, zu gewaltigen Bewegungen – erst in die eine und dann in die andere Richtung. Deswegen hat man unter der Ägide des Neoliberalismus schließlich die Märkte auch liberalisiert, weil man jetzt so wunderbar daran verdienen kann.“

Abraham Grünspan hatte in den frühen achtziger Jahren – im auch damals schon relativ betagten Alter – an der Steuersenkungsstrategie des US-Präsidenten Reagan mitgearbeitet und diese Aufgabe mit vollem Elan und hundertprozentiger Überzeugung vorangetrieben. Doch mittlerweile war durchaus bekannt, dass er nicht mehr unkritisch einer Wirtschaftspolitik gegenüberstand, die die Wirtschaft durch Senkung der Spitzensteuersätze anzukurbeln gedachte. Und das hatte natürlich durchaus auch etwas mit den Auswirkungen der phänomenalen Aktienhausse der letzten Jahre sowie mit dem ganz generellen Zinseszinseffekt zu tun.

Denn es war ja auch gespenstisch: Im Gegensatz zur öffentlichen Meinung hatten detailliertere Untersuchungen nämlich gezeigt, dass gerade die Aktienhausse in den Internet- und Hightech-Aktien keineswegs die Hausse des „kleinen Mannes“ war, wie die Medien dies immer verkauft hatten. Zwar versuchten die Kleinanleger, aufgepeitscht von den ständig optimistischen Medien sowie den von jeglicher Bodenhaftung völlig losgelösten Gurus, die jedem, der sie anrief oder ein Buch von ihnen kaufte, versprachen: „Ich mache Sie zum Millionär“, eben dieses hehre Ziel zu erreichen. Doch die bittere Wahrheit hinter dem Millionenmachen war natürlich eine völlig andere. Denn selbst wenn es zunächst etwas paradox klingen mag: Eine Million und eine Million ist nicht das Gleiche, zumindest dann nicht, wenn man die eine wie die andere auf ihren Ursprung zurückverfolgt.

Und der Grund hierfür ist der folgende: Die erste Million ist – wie dies eigentlich bei jedem ersten Mal der Fall ist – immer und in jedem Fall unvergleichlich. Sie ist die schwierigste, wohingegen die weiteren dann fast automatisch kommen. Die Ursache hierfür lauert natürlich im teuflischen Zinseszinseffekt. Wer nämlich beispielsweise mit

10.000 DM Startkapital zum Millionär werden will, braucht nicht weniger als 9.900 Prozent Gewinn, um dies schließlich zu erreichen. Wer hingegen bereits 10 Millionen DM besitzt, braucht nur noch 10 Prozent Gewinn, um daraus die nächste Million zu machen. So ist eben unsere Welt – und niemand möge sich darüber aufregen. Die einen brauchen den neunhundertneunzigfachen Einsatz und Erfolg, um letztlich das gleiche absolute Ergebnis herauszuholen.

Doch wie bei allen anderen Systemfehlern auch, weitet sich auch hier schon der kleinste Fehler in der Anfangsperiode mit der Zeit so weit aus, dass er recht bald zur Gefährdung des Gesamtsystems wird. Der Aktienmarkt beispielsweise bringt im historischen Durchschnitt einen jährlichen Zuwachs von etwa 10 Prozent. Wer also 10 Millionen DM investiert, wird im Schnitt pro Jahr 1 Million DM verdienen. Doch das ist einerseits zwar richtig gerechnet, andererseits jedoch gleichzeitig auch falsch. Denn diese 1 Million DM ist nur der Verdienst des ersten Jahres. Wird der Gewinn hingegen nicht entnommen, sondern stehen gelassen, was normalerweise ja die Regel sein sollte, dann haben sich bereits nach fünf Jahren 15 Millionen angesammelt, von denen dann jedoch 10 Prozent im Jahr bereits 1,5 Millionen jährlich ausmacht. Eine schlappe Gehaltserhöhung von 50 Prozent per annum also.

Und so werden wir also alle immer reicher und reicher. Die einen mehr, die anderen weniger. Doch in der Summe: Immer mehr, immer weiter, immer größer und vor allem immer schneller. Klack-klack, Zack-zack, Hopp-auf – und fertig. Immer mehr, immer weiter, immer größer und vor allem immer schneller. Und ab zur nächsten Million.

In den vergangenen fünf Jahren hat die Neuverschuldung in den amerikanischen Kreditmärkten insgesamt um mehr als 7 Billionen Dollar auf insgesamt fast 25 Billionen Dollar zugenommen. Das sind knapp 400 Prozent des derzeitigen jährlichen Sozialprodukts. Die US-Wirtschaft boomt also unvermindert weiter, doch für jedes Prozent Wachstum muss ständig mehr Wasser auf die große Wassermühle fließen. Und trotz dieser wahren Kreditschwemme bleibt die Inflation unsichtbar, was natürlich sofort die bange Frage aufbringt, ob dann, wenn die Rohre einmal versiegen, nicht die Zwillingsschwester der Inflation, die Deflation, das Zepter übernehmen wird.

Abraham Grünspan nickte bedächtig mit dem Kopf. Ja, es war sicherlich nicht zu bestreiten, dass hier Entscheidendes aus dem Ruder gelaufen war. Der Zauberbesen ist außer Kontrolle geraten, und es ist niemand da, der ihn wieder einfangen kann. Vor allem, es ist niemand da, der sich traut, ihn wieder einzufangen. Denn beschleunigt man einen Fluss voll Wasser erst einmal auf Lichtgeschwindigkeit, dann kann aus ihm leicht eine Wasserbombe werden, wenn man versucht, ihn abrupt wieder abzubremsen. Und dann zitierte Abraham Grünspan aus dem Kopf:

„*Walle! Walle manche Strecke, dass, zum Zwecke,*
Wasser fließe
Und mit reichem, vollem Schwalle zu dem Bade sich ergieße.
O, du Ausgeburt der Hölle! Soll das ganze Haus ersaufen?
Seh ich über jede Schwelle doch schon Wasserströme laufen.
Ein verruchter Besen, der nicht hören will!
Stock, der du gewesen, steh doch wieder still!
Und sie laufen! Nass und nässer wird's im Saal und auf den Stufen:
Welch entsetzliches Gewässer! Herr und Meister, hör mich rufen!
Ach, da kommt der Meister! Herr, die Not ist groß!
Die ich rief, die Geister, werd ich nun nicht los.“

Abraham Grünspan lehnte sich in seinem Sessel zurück und seufzte: „Tja, die Geister, die wir gerufen haben, die werden wir nun nicht mehr los." Der alte Mann schaute Alexander von Schulenburg an und warf anschließend auch Bernhard von Mandelwindel einen aufmunternden Blick zu. Dann nickte er zustimmend mit dem Kopf und sagte: „Ich merke schon, ihr wisst nur allzu gut, wo der Hase hinläuft." Dies war natürlich durchaus richtig, andererseits jedoch, wie wir bereits wissen, haarscharf an der Wirklichkeit vorbeigezielt. Was allerdings Bernhard von Mandelwindel nicht fand, denn er hatte just in diesem Moment das Gefühl, in der Ferne ein leises Klack-klack gehört zu haben. Denn ob Hase oder Kaninchen, ob Mensch oder Maschine, letztlich ging es doch immer nur um das eine: Hopp-auf – und fertig. Immer mehr, immer weiter, immer größer und vor allem immer schneller. Klack-klack, Zack-zack, Hopp-auf – und fertig. Und ab zur nächsten Nummer.

Es gab also nur eine einzige Lösung. Und sie lautete: Wenn man noch einmal erfolgreich mitspielen wollte an diesem großen Spiel ums Geld, dann musste man sich in der Tat beeilen. Die Lage war zwar bereits hoffnungslos, doch lange noch nicht ernst. Den beiden größten Reichmachern der Welt drohte in der Zukunft Ungemach. Doch gemach, gemach! Vom zweiten wurde hier ja noch gar nicht gesprochen. Und auch hier blieben sicherlich noch etliche gute Jährchen, so dass Eile zwar durchaus angesagt war, jedoch andererseits die Hast auch nicht übertrieben werden musste.

Der zweite Reichmacher ist natürlich unser Vater Staat, der den Notenbanken zwar den Seigniorage-Effekt in die Wiege gelegt hat, doch davon – wie wir bereits gesehen haben – im Normalfall selbst nicht allzu sehr profitieren kann und sich deshalb einen anderen Mechanismus zum

Reichmachen einfallen lassen musste. Und durch welche andere Maßnahme als durch das Schaffen von Reichtum sichert sich die Politik – als genuiner Repräsentant des Staates – besser die eigene Wiederwahl? Natürlich durch keine andere als durch eben diese! Denn nur durch den Reichtum wird letztlich allen geholfen. Nur der Reichtum kann uns alle glücklich machen. Also los.

Und das Vehikel für diesen Zweck ist ebenso einfach wie wirkungsvoll: Der Staat verschuldet sich. Denn dadurch schlägt er gleich zwei Fliegen mit einer Klappe. Er hat plötzlich Geld in der Hand, welches er sofort – und damit noch rechtzeitig vor der nächsten Wahl – unter seinen Wählern verteilen kann. Hinzu kommt: Alle sind auf einmal reicher als vorher! Im Vergleich zu allen anderen Anleihen stellen die Staatsanleihen nämlich Nettovermögen in einer Volkswirtschaft dar. Der Grund hierfür ist ebenfalls schnell einsehbar: Wenn die Deutsche Bank beispielsweise eine Anleihe herausgibt, dann stellt diese zwar einen Vermögenswert dar, dem jedoch auf der anderen Seite Schulden in gleicher Höhe gegenüberstehen, da die Deutsche Bank ja weiß, dass sie diese Anleihe bei Fälligkeit zurückzahlen muss.

Ganz anders hingegen bei unserem Vater Staat: Staatsanleihen sind natürlich ebenso Vermögenstitel wie die Anleihen der Deutschen Bank; allein in der Bundesrepublik Deutschland lauten sie auf etwa 2,3 Billionen DM. Doch – und nun kommt der Clou – keiner der derzeit 82 Millionen Bundesbürger geht davon aus, dass er einmal seinen Anteil daran wird zurückzahlen müssen. Staatsanleihen sind also Vermögenstitel, denen keine wahrgenommenen Schulden gegenüberstehen. Je mehr Staatsanleihen ein Staat also emittiert, umso reicher sind seine Bürger. Und alles andere, was sonst über dieses Thema erzählt wird, vernebelt nur diesen Kern.

Doch was würde passieren, wenn die Bürger eines Landes plötzlich begreifen, dass es den Reichtum, den sie mit ihren Händen befühlen können, in Wirklichkeit gar nicht gibt, weil sie ihn sich selbst gegenüber letztlich schuldig sind? Oh je, oh je. Deswegen werden die meisten Staaten heute natürlich immer vorsichtiger in Anbetracht der demografischen Katastrophe, die ihnen blüht. Denn Staatsverschuldung plus Rentenzusagen addieren sich derzeit allein in der Bundesrepublik Deutschland auf 5 Billionen DM, was gut 60.000 DM pro Kopf der Bevölkerung ausmacht.

Im Jahre 2050 hingegen wird die Bevölkerungszahl – selbst bei einer jährlicher Zuwanderung von 100.000 Menschen – von gegenwärtig 82 Millionen auf nur noch 65 Millionen absinken, wohingegen sich die Bundesschuld beim gegenwärtigen Zinssatz bis dahin etwa verfünffachen – und somit etwa 25 Billionen DM betragen wird. Jeder Mensch, der heute geboren wird, kann sich also darauf gefasst machen, im Alter von 50 Jahren im Schnitt eine Last von 385.000 DM schultern zu müssen – und das, ohne auch nur einen Pfennig davon vorher jemals gesehen zu haben.

Aber auch den Aktienmarkt wird diese Thematik in der gleichen Weise treffen. Denn wenn nun bald diejenigen, die mit Aktien für ihr Alter vorgesorgt haben, diese wieder verkaufen wollen, um damit ihren Lebensabend zu finanzieren, werden sie auf immer weniger potentielle Käufer stoßen, die immer weniger Geld zur Verfügung haben werden, weil sie immer höhere Schulden zu tragen haben – bis es dann einmal gehörig „bumm“ machen und alles von einer Sekunde auf die andere aus sein wird.

Vor diesem Hintergrund ist also Alexander von Schulenburgs Plan, den Staat Schwarzenstein über den Seigniorage-Effekt zu Wohlstand und Reichtum zu führen, sogar als ein herausragender sozialer Akt zu werten. Schließlich werden hier keine neuen Schulden aufgebaut und auch keine uneinlösbaren Wechsel auf die Zukunft gezogen, wie das beim Staat sowie am Aktienmarkt der Fall ist. Schlichtweg also: Hier geht es nicht darum, den nachfolgenden Generationen den schwarzen Peter zuzuschieben, wie das sonst bei fast allen Varianten des schnellen und wunderbaren Reichwerdens der Fall war, nein, hier geht es sowohl um das Hier und Jetzt als auch um eine bessere Zukunft für uns alle.

Obwohl Abraham Grünspan dies ganz ähnlich sah, war er natürlich nicht völlig bedenkenfrei. Die Idee fand er gut, zugegeben. Er fand sie sogar so gut, dass sie durchaus auch von ihm hätte stammen können. Im Moment jedoch war diese Idee eben noch nicht mehr als nur eine Idee. „Das größte Problem", sagte er deshalb nach einer kurzen Weile des Nachdenkens, „sehe ich auf jeden Fall im Bereich des internationalen Rechts. Leider jedoch bin ich kein Fachmann in Hinsicht auf das Völkerrecht."

Doch auch zu diesem Thema hatte Alexander von Schulenburg bereits die ersten Antworten parat: „Ich habe mich schon etwas schlau gemacht", antwortete er, „Voraussetzung für die Existenz eines Staates ist es nach dem Völkerrecht, die so genannte ‚Staatsqualität' zu erlangen. Und hierbei lauten die Kriterien: Es müssen alle drei Staatselemente gegeben sein, Staatsgebiet, Staatsvolk und souveräne Staatsgewalt. Wobei ich sogar ein Beispiel anführen könnte, wo nicht einmal das erfüllt ist ..."

„... Das mag ja durchaus noch erreichbar sein", unterbrach ihn Grünspan, „doch ich sehe das Problem ganz woanders ..."

„... Ich weiß", warf Alexander von Schulenburg ein, „die Schwierigkeit ist nicht primär, einen neuen Staat zu gründen, sondern vielmehr den alten loszuwerden."

„Exakt“, bestätigte Grünspan und lobte noch einmal die Brillanz der Idee einer Ökorepublik oder vielleicht sogar noch besser einer Ökopublik Schwarzenstein. Zudem bestätigte er, dass selten eine derart interessante Sache an ihn herangetragen worden sei, die man ja durchaus auch noch mit eigenen – also seinen – Inhalten würde ausfüllen können. Das wäre wirklich eine Aufgabe, die ihn auf seine alten Tage noch einmal reizen würde, gleichsam das Gusto-Stückerl seiner bisherigen Karriere. Er schlug deshalb vor, zunächst einmal bei den örtlichen Autoritäten vorzufühlen, um herauszubekommen, ob sie für einen derartigen Plan überhaupt zu begeistern wären.

Und anschließend müsse man natürlich sofort ein wasserdichtes juristisches Gutachten anfertigen lassen. Denn letztlich, so Grünspan, war es natürlich richtig, dass das Geld die Welt regiert. Doch gleich danach kommen bereits die Gutachten. Nichts konnte schließlich – abgesehen von einem wunderbar ästhetisch mit einer Banderole zusammengehaltenen Geldbündel – mehr Eindruck machen als ein dickes Gutachten. Vor allem, weil der Prozess der Gutachteritis durchaus ein sehr kommunikativer war. Erst ein Gutachten, dann ein Gegengutachten und schließlich und endlich ein Schiedsgutachten. Was zwar im Normalfall eine Menge Geld kostet, direkt wie indirekt, letztlich jedoch einen beinahe einmaligen Durchschlagseffekt hat. Doch an Geld jedenfalls sollte es ja zukünftig in Schwarzenstein in keinem Falle mangeln.

5. Weltruhm ante portas

Veronika Valettas Gesicht zeigte deutliche Spuren von Anspannung. Frau Valetta war die Vorsitzende des Vereins der Schwarzensteiner Hotelbesitzer und Liftbetreiber und damit aus Sicht von Abraham Grünspan die geeignete Ansprechpartnerin für das Projekt der neuen Staatsgründung. Grünspan legte sich daher auch mächtig ins Zeug, wobei die Tatsache, dass Frau Valetta eine durchaus attraktive Frau war, seinem Tatendrang keinen Abbruch tat, sondern vielmehr im Gegenteil auch noch die letzten Reserven an Fakten und Charme in ihm mobilisierte.

Zunächst hatte Grünspan davon berichtet, dass, gesetzt den Fall, die Staatengründung würde gelingen, Schwarzenstein niemals mehr Probleme mit dem Tourismus haben werde. Denn allein die ganz normalen Neugiereffekte der Medien wie der Touristen würden die Auslastung aller Kapazitäten auf Jahre hinaus sicherstellen. Hinzu kämen die Multiplikatoren aufgrund der geplanten Ansiedlung von Arbeitsplätzen im Kommunikationsbereich. Doch auch dabei würde gelten: Keine Bausünden, kein Zubetonieren, alles ökologisch korrekt, alles auf absolut höchstem Niveau. Denn schließlich war das ja das Herzstück des gesamten Konzepts.

„Doch was machen wir dann mit unseren Bergbauern?“, hatte Frau Valetta daraufhin engagiert bis in die Haarspitzen gefragt.

Grünspan lehnte sich zurück, zupfte kurz an seinem Einstecktüchlein und setzte sein joviales Lächeln auf: „Ich werde ihnen sagen, was ich dazu aus dem Markt höre“, antwortete Grünspan. „Wer heute die Buchstaben ‚I‘ und ‚T‘, die für IT, gleich Informations-Technologie stehen, korrekt aussprechen kann, der findet, so wird mir immer wieder versichert, auch einen Job in diesem Bereich. Und das werden ihre Bergbauern doch wohl schaffen. Ich meine zwei Buchstaben – I und T."

Doch wie jeder wirkliche Gran-Maestro hatte Grünspan natürlich auch stets eine Alternative bereit: „Und wenn das nicht gehen sollte, dann machen wir aus ihnen eben Finanzmarktspezialisten. Denn die brauchen wir hier oben dann sowieso en masse – und das kann nun heutzutage wirklich jeder, Finanzmarktspezialist sein. Hierzu müssen Sie nur einmal einen Blick in den Markt werfen. Dazu müssen Ihre Bergbauern ausschließlich ihre Gummistiefel ausziehen, die Hände ordentlich waschen und einen feinen Zwirn anlegen. Den Rest besorgen wir dann schon mit ein paar Lehrgängen. Und eine gewisse Grundaggressivität sowie die Fähigkeit, das, was die anderen vorplappern, einfach nachzuplappern, das ist hier oben in den Bergen doch sicherlich sowieso vorhanden."

Veronika Valetta wiegte den Kopf, war jedoch unübersehbar noch nicht überzeugt. Der Gran-Maestro würde also noch nachlegen müssen. „Wenn wir dann aber eine andere Währung haben", fragte sie weiter, „begeben wir uns da nicht in ein unkalkulierbares Risiko? Und überhaupt: Das, was dann passiert, ist doch letztlich so etwas wie eine Währungsreform. Wird das nicht unsere Leute ganz sicher überfordern? Schließlich haben wir doch gerade erst den Euro eingeführt."

Abraham Grünspan beugte sich nach vorn und legte seine Hand behutsam auf Frau Valettas Arm: „Sehen Sie, gnädige Frau, aber diese Umstellung zum Euro ist doch nun wahrlich schief gegangen, wenn Sie sich einmal anschauen, was man uns beim Euro alles versprochen und wie wenig man davon letztlich gehalten hat. Wäre es deswegen nicht gerade erfolgversprechend, die Unzufriedenheit im Volke aufzugreifen und diese Reform wieder rückgängig zu machen?"

Er blickte Frau Valetta tief in die Augen und fuhr fort: „Sollte der Euro nicht so hart wie die härtesten Währungen der Welt werden? Doch was ist passiert? Er ist vielmehr fast so schwach geworden, wie die schlimmsten Weichwährungen dieser Welt. Und ob er sich überhaupt halten lässt, der Euro? Darüber lässt sich aus heutiger Sicht sicherlich nur spekulieren. Doch sollte das Euro-Gebilde tatsächlich einmal auseinander brechen, dann sage ich Ihnen, dann gilt nur noch eine Devise – rette sich, wer kann! Und nur gut, wer dann über eine eigene und funktionierende Währung verfügen kann."

Das war sicherlich der wichtigste Punkt. Brüssel ist so weit von Schwarzenstein entfernt, dass die meisten Einwohner Schwarzensteins nicht einmal gedanklich die Strecke bis dorthin bewältigen können. Zudem wird in Brüssel eine Sprache gesprochen, die man in Schwarzenstein überhaupt nicht versteht. Und vice versa. Und das hieß, im Eventualfall würde man nicht einmal gegen Fehlentwicklungen im Zusammenhang mit dem Euro protestieren können, weil diejenigen, denen dieser Protest gilt, ihn gar nicht verstehen könnten. Würde eine neue Währung hingegen direkt in Schwarzenstein herausgegeben werden, dann wäre plötzlich auf jeden Fall alles sehr viel einfacher.

Diesen Faden griff Grünspan denn auch sofort auf: „Haben wir jedoch erst einmal eine eigene Währung, dann können wir tatsächlich alles von Belang direkt in Schwarzenstein entscheiden. Wir alle zusammen. Ganz demokratisch. Während ansonsten wie bisher bei allem Brüssel das letzte Wort hätte. Und selbst wenn die Europäische Zentralbank physisch in Frankfurt und damit im deutschsprachigen Raum angesiedelt ist, dann ändert das trotzdem prinzipiell nichts an der Situation: Sie ist letztlich eine Brüsseler Behörde – und die Schwarzensteiner können sie nicht einmal verstehen."

Einen weiteren Punkt fügte er schließlich noch hinzu: „Und viel schlimmer eigentlich noch, denn dort kennt überhaupt niemand Schwarzenstein. Und wäre es nicht schön, wenn sich das bald einmal ändern würde?"

Das alles schmeichelte Frau Valetta, die selbst in Schwarzenstein geboren war und seitdem auch immer dort gewohnt hatte. Schwarzenstein, bisher ein Nichts auf der Landkarte, würde plötzlich von sich reden machen. Es war halt immer der Nationalismus, mit dem man die Leute am besten einfangen konnte. Abraham Grünspan schien also bereits auf der Gewinnerstraße zu sein.

Doch es waren immer noch jede Menge offener Punkte zu klären, wie zum Beispiel: „Wie wird sich dann der Wechselkurs unserer Währung entwickeln? Wird er stabil bleiben?" Denn sollte die neue Währung nun deutlich gegenüber dem Euro fallen, dann könnten die Schwarzensteiner bald nicht mehr im benachbarten Hochtal einkaufen gehen. Sollte er hingegen steigen, welche Touristen würden dann überhaupt noch nach Schwarzenstein kommen?

„Völlig richtig, völlig richtig", bestätigte Abraham Grünspan und lächelte sein schönstes Gewinnerlächeln. „Doch auch hier sind wir natürlich mit unserem Latein noch längst nicht am Ende." Grünspan hatte, im Anschluss an das Gespräch mit Alexander von Schulenburg, in der Zwischenzeit zu diesem Thema einige, wie man so schön sagte, „konzeptuelle Arbeit" geleistet. Das hieß konkret: Er hatte Alexander von Schulenburg gebeten, das Modell der effizienten Verwendung der Seigniorage-Kasse einmal in wasserdichter Form zu Papier zu bringen. Und noch genauer: Auf ein Papier, welches später einmal als das „Grünspan-Papier" oder „Grünspan-Modell" in die Geschichte eingehen sollte.

In dieser frühen Phase trug dieses Konzept allerdings noch den Namen „Modell negative Einkommensteuer“, welches Grünspan nunmehr einer resoluten und ökonomisch nicht ungebildeten Hoteleigentümerin zu erklären hatte: „Der große Vorteil des Modells Schwarzenstein“, begann er seine Ausführungen zu diesem Punkt, „liegt in seiner überschaubaren Größe. Das heißt: Während in einem großen Zusammenhang viele Dinge enorm komplex werden, da die einzelnen Parameter sich nicht mehr zentral von einer einzigen Instanz kontrollieren lassen, ist das in einem kleinen Gebiet sehr viel einfacher.“

Grünspan eröffnete also mit der Globalisierungs-Variante, was wohl in keiner Diskussion auf diesem Weltball bisher ein Fehler gewesen sein dürfte. Veronika Valetta schaute ihn jedoch zunächst nur etwas verwirrt an, woraufhin Abraham Grünspan jedoch unvermittelt seinen Vortrag fortsetzte: „Ich will damit sagen: Für ein großes Land, wie beispielsweise das, zu welchem die Gemeinde Schwarzenstein heute noch gehört, sind viele wirtschaftliche Größen und Parameter schlichtweg nichts anderes als ‚Daten‘. Das heißt: Für alle Handelnden sind diese Größen einfach vorgegeben – und niemand kann sie ändern oder auch nur einen Einfluss auf sie nehmen.“

„Ich bin nun sicherlich nicht ganz unbeleckt in wirtschaftlichen Dingen“, warf Veronika Valetta jetzt ein, „aber das müssen Sie wirklich noch etwas deutlicher erklären.“

„Machen wir doch einfach ein Beispiel“, entgegnete Grünspan, „und betrachten wir mein Modell einmal ganz konkret unter dem Aspekt eines deutlich fallenden Wechselkurses auf der einen und eines deutlich steigenden Wechselkurses auf der anderen Seite. Also: Gehen wir zunächst davon aus, wir wären sehr, sehr erfolgreich, und der Wechselkurs würde deshalb in die Höhe schießen.

Dann wären die Hotel- und die Liftpreise für die Ausländer nicht mehr erschwinglich, und die Gäste würden folglich wegbleiben."

Er schaute Veronika Valetta an und fragte nach: „Richtig? Richtig!" Gleich daraufhin machte er jedoch eine sehr wichtige Einschränkung: „Doch dies muss nicht so sein. Jedenfalls dann nicht, wenn man selbst ein kleiner Staat ist, wie Schwarzenstein dies einmal sein wird. Diesen Automatismus gibt es nämlich nur in einem großen Land, weil hier das aus dem Wechselkurs abgeleitete Preisniveau ein Datum ist. Und weil man gestiegenen Preisen stets mit einer Sparpolitik sowie einer restriktiven Geldpolitik begegnen muss. Doch da sich so etwas für ein kleines Land wie Schwarzenstein natürlich als existenzbedrohend erweisen würde, haben wir uns schlichtweg etwas anderes einfallen lassen!"

Jetzt war Grünspan also im Zentrum seines Modells der negativen Einkommensteuer angelangt, welches, so auf jeden Fall der augenblickliche Stand der Diskussion, sogar in die Verfassung aufgenommen werden sollte. Denn um die Chancen für die Schwarzensteiner Unabhängigkeit noch weiter zu erhöhen, hatte man sich vorgenommen, mit dem Modellfall Schwarzenstein nicht nur ökonomisch, sondern auch verfassungstechnisch Neuland zu beschreiten. Wenn schon modern, dann richtig. Und so wollte man dann neben dem Modell der negativen Einkommensteuer auch den Umweltstandards, dem uneinschränkbaren Recht auf Arbeit sowie der Garantie eines Ausschlusses von Einkommens- oder Vermögensreduzierungen der Bevölkerung von Schwarzenstein Verfassungsrang geben.

Hier merkte Veronika Valetta jedoch plötzlich auf und zeigte sich hellwach. Denn als Hotelbesitzerin war sie natürlich ein treues Mitglied des örtlichen Arbeitgeberverbandes und hatte konsequenterweise mit gewerkschaftlichen Forderungen nun wirklich rein gar nichts am Hut. Denn waren das nicht fast schon sozialistische Ideale, die Abraham Grünspan ihr hier vortrug? Nun gut, dachte sie, wenn es uns als Unternehmer nützt, dann sind wir natürlich auch für eine Ausschaltung der Marktprinzipien. Warum sollten wir uns hierbei von allen anderen Unternehmern und Unternehmen in der Welt unterscheiden. Doch muss man das gleich derart an die große Glocke hängen und in die Verfassung schreiben?

Abraham Grünspan versuchte daraufhin natürlich sofort, das strategische Moment dieses Verfahrens hervorzuheben, weil nur diese Verbindung von Moderne und Tradition – also von neuen Ideen mit dem Schutz der traditionellen Umwelt – tatsächlich geeignet schien, den Schwarzensteinern den Weg in die Unabhängigkeit zu weisen. Denn die Zeit der Unabhängigkeitskriege war nun wirklich schon lange vorbei, und auch Terroranschläge wie im Baskenland schienen der Schwarzensteiner Mixtur eines ökonomischen Keulenschlages in Verbindung mit einer verfassungsmäßigen Belehrung deutlich unterlegen.

Doch ehe er zur Keule greifen würde, besann sich Abraham Grünspan natürlich viel lieber seiner eigentlichen Profession – dem Analysieren, dem Argumentieren und dem Überzeugen. „Im Anfangsstadium", erklärte er daraufhin, „werden alle Bürger Schwarzensteins selbstverständlich weiterhin ihre Einkommensteuern so bezahlen, wie sie das schon immer getan haben. Erhöht sich dann jedoch der Wechselkurs unserer neuen Währung gegenüber unseren Nachbarwährungen, dann werden wir allen Gewerbetreibenden in Schwarzenstein anbieten, im selbem Umfang die Preise zu senken – und als Entschädigung für den damit verbundenen Einnahmeausfall mindestens die Höhe der Reduktion als Steuergutschrift gewähren."

„Und die besondere Bedeutung", so ergänzte Grünspan

sofort, „liegt dabei auf dem Wort ‚mindestens'. Denn die Verfassung wird uns hier einen großen Spielraum lassen, die Entschädigungen für gestiegene Wechselkurse auch deutlich höher ausfallen zu lassen."

„Doch wenn ich in meinem Hotel die Preise um 20 Prozent senken müsste, merkte daraufhin Frau Valetta an, dann wäre mein Gewinn komplett verschwunden. Dann nutzt mir auch ein Steuerabzug nichts mehr, weil ich dann sowieso keine Steuern mehr zahle, mit denen ich diesen verrechnen könnte."

„Sehen Sie", erläuterte Grünspan, „genau aus diesem Grund heißt mein Modell ja auch ‚Modell negativer Einkommensteuer'. Denn hier geht es nicht um Steuerabzüge, wie dies die Regierungen in den großen Nationen ihren Bürgern bestenfalls einmal gewähren können, nein, hier geht es vielmehr um Steuertransfers. Und zwar in der entgegengesetzten Richtung zu der, die wir normalerweise gewohnt sind. Konkret bedeutet das dann: Müssen die Preise wechselkursbedingt in einem Maße nach unten angepasst werden, dass dabei die Gewinnschwelle unterschritten wird, dann werden Sie zukünftig nicht nur keine Einkommensteuer mehr zahlen, sondern dann zahlt Ihnen vielmehr umgekehrt der Staat die Einkommensteuer. Die Einkommensteuer mutiert damit also von der Belastung des Einkommens zur Generierung von Einkommen. Und das ist doch eine wunderbare Sache, finden Sie nicht?"

Es war kaum zu übersehen, dass Frau Valetta diese Geschichte zwar neugierig gemacht hatte, sie aber in einem noch größeren Maße erstaunte. Denn als gestandene Kauffrau, Hotelbesitzerin und Mitglied des Arbeitgeberverbandes war es doch direkt ihre Pflicht, nunmehr danach zu fragen, wer denn das eigentlich alles bezahlen sollte? Doch auch hier war kaum ein Haar in der Suppe zu finden: Die Maximierung des Seigniorage-Effektes schien tatsächlich in jedem Fall genug Geld in die Kassen zu spülen, um selbst bei ganz extremen Wechselkursveränderungen mit Leichtigkeit die Zeche zahlen zu können. Dabei war dies zugegebenermaßen nicht einmal ein Verstoß gegen die marktwirtschaftlichen Prinzipien, denn marktwirtschaftlicher als eine ihren Gewinn maximierende Notenbank konnte man sich nun wahrlich nicht verhalten.

Und warum sollte man nicht auch ein wenig merkantilisieren? Das haben doch die großen Länder schon seit Jahrhunderten gemacht. Und was man den Großen nicht verweigerte, das musste doch den Kleinen erst recht gestattet sein. Nein, dieser zwar schon etwas ältere, aber durchaus charmante und überzeugende Herr hatte durchaus Recht. Das war alles rechtens, was er sagte, es war die reine Marktwirtschaft und nichts als die reine Marktwirtschaft.

Aber was war nun, wenn die Wechselkurse gar nicht ansteigen, sondern vielmehr fallen sollten? „Auch hierfür sind wir gerüstet“, bekannte Abraham Grünspan erneut in einem sehr jovialen, aber auch vollkommen überzeugenden Ton. „Allerdings werden wir natürlich alles daran setzen, dass dieser Fall nicht eintritt. Und er wird auch nur dann eintreten, wenn wir grobe Fehler machen. Wenn wir nämlich durch die mangelnde Knapphaltung unseres Geldes seinen Wert ungebührlich schmälern würde. Doch warum sollten wir das tun? Warum sollten wir diesen Fehler machen?“

Doch selbst wenn man nun – rein gedanklich natürlich – einmal annahm, so Grünspan weiter, der es sich nicht nehmen lassen wollte, auch diese Eventualität noch umfassend und überzeugend aus der Welt zu schaffen, dass es tatsächlich kurzfristig einmal so kommen würde: „Dann wird Schwarzenstein natürlich mit sehr niedrigen Preisen glänzen, was einerseits die Touristen vermehrt anlockt und andererseits bei den Investoren wieder Aufwertungserwartungen entstehen lassen wird. Denn ein Überschuss in der

Leistungsbilanz ist schon seit jeher der Garant für eine feste Währung. Gerade dann, wenn die Notenbank zusätzlich deutlich macht, dass sie sich in der Wahrung der Funktion ihrer Währung als Organ der Vermögenssicherung von nichts und niemandem behindern lässt."

„Sie sehen also, gnädige Frau", schloss Grünspan seine Ausführungen zum offiziellen Teil dieses Abends, „wir haben alle Fäden in der Hand. Nicht wir sind die Marionetten in diesem Spiel, sondern die anderen sind es. Wir hingegen stehen oben über der Bühne – und nichts wird sich dort unten abspielen, was nicht sowohl von uns angestoßen wurde als auch während der gesamten Vorstellung zu hundert Prozent unter unserer Kontrolle bleibt."

Als Vertreterin des Unternehmerlagers der Gemeinde Schwarzenstein hörte Frau Valetta – wie im Übrigen alle neurotisch veranlagten Menschen, Clubs oder sonstige Denkrichtungen – natürlich die Worte „hundert Prozent" und „unter Kontrolle" mit einem ganz besonderen Wohlwollen. Aber auch sonst hegte Frau Valetta durchaus Sympathien für diesen Mann mit den sanften Augen und den festen Überzeugungen. Und plötzlich erinnerte sie sich wieder ganz lebhaft daran, dass ihr eigener Mann doch schon so zeitig von ihr gegangen war.

Doch das war natürlich eine ganz andere Geschichte. Denn hier ging es zunächst einmal um das Ökonomische. „Fang nur nicht wieder an", sagte Frau Valetta deshalb auch vorwurfsvoll in ihrem Inneren zu sich selbst, „alle diese Dinge miteinander in Verbindung zu bringen, du dumme Pute." Sie schaute ein letztes Mal in Abraham Grünspans wunderbar sanfte Augen, reichte ihm die Hand zu einem festen Händedruck und versprach, gleich in der nächsten Gemeindeversammlung über dieses Thema Bericht zu erstatten sowie ein sofortiges Feedback über die Reaktionen der Volksvertreter zu liefern.

Wäre Frau Valetta hingegen nicht Frau Valetta, sondern vielmehr eine professionelle Ökonomin gewesen, dann hätte sie sicherlich noch die Frage stellen können, ob denn die im Vergleich zur Landesgröße exorbitant hohe Geldmenge nicht in jedem Falle zu einer gehörigen Inflation führen würde. Doch auch hierauf hätte Abraham Grünspan sicherlich die passenden Antworten gehabt.

Denn erstens, so hätte er gesagt, kann es bei administrativ festgesetzten Preisen schon aus Definitionsgründen niemals eine Inflation geben. Und zweitens hätte er daraufhin das Konzept der Sterilisierung im Falle hoher Devisenzuflüsse erklärt. Drittens schließlich wäre dann sowieso deutlich geworden, dass der Hauptteil des eigenen Geldes der Schwarzensteiner natürlich – ähnlich wie das ja auch beim US-Dollar der Fall war – nicht im Inland umlaufen würde, sondern sich vielmehr sanft schlummernd in den Devisenreserven der restlichen Welt wiederfinden lassen würde.

Und hätten diese drei Argumente nicht gezogen, dann hätte er auch noch das vierte und finale Argument aus dem Hemdsärmel geschüttelt und gesagt, dass eine zu hohe Geldmenge sowieso nur im Theoriegebäude der Monetaristen eine hohe Inflation herbeiführen könne. Das Geld der Monetaristen wiederum ist jedoch kein Geld, das im Marktprozess entsteht, sondern es ist ein exogenes Geld, welches letztlich nur von einem Hubschrauber abgeworfen werden kann. Und genau an dieser Stelle hätte Abraham Grünspan dann zuerst Veronika Valetta tief in die Augen geblickt und anschließend wissend aus dem Fenster geschaut und gesagt:

„Und glauben Sie im Ernst, wir machen uns diese ganze Mühe, um hinterher dann unser Geld mit dem Hubschrauber abzuwerfen?"

6. Der Weg der politischen Entscheidungsfindung

Alexander von Schulenburg war sich vollkommen sicher, niemals in seinem Leben ein noch lächerlicheres Papier in der Hand gehalten zu haben. Auch in Europa schienen mittlerweile also arabische Verhältnisse eingezogen zu sein – ganz analog zu dem alten arabischen Sprichwort, dass es stets der letzte Grashalm ist, der dem Kamel schließlich das Rückgrat bricht.

Nicht anders schien es folglich auch hier gewesen zu sein. Man konnte demnach also wichtige politische Entscheidungen tatsächlich besser mit physikalischen Gesetzmäßigkeiten als mit der menschlichen Vernunft erklären. Abraham Grünspan hatte mit seiner Gutachteritis also zu hundert Prozent Recht gehabt. Dabei hatte einst Immanuel Kant noch würdige Worte für die Gründung eines Staates gefunden. Und jetzt das. Vielleicht allerdings, um Kant dann doch noch ein wenig zu rehabilitieren, war Alexander von Schulenburgs Unzufriedenheit in Wirklichkeit nur subjektiven Ursprungs und keineswegs objektiv gültig.

Doch auch hier lagen die Dinge komplizierter. Denn die subjektive Bedingtheit unserer Welt, das hatte uns ebenfalls schon Kant gesagt, ist aus logischen Gründen prinzipiell unhintergehbar. Alles, was überhaupt wahrgenommen werden kann, ist folglich immer nur die Wahrnehmung eines Subjekts. Und die oft in Aussicht gestellte Möglichkeit einer objektiven Erkenntnis – als Erkenntnis ohne erkennendes Subjekt – erweist sich damit als eine noch größere Schimäre, als dies jemals auf eine Staatengründung hätte zutreffen können.

Und dennoch müssen alle wirklichen Erkenntnisse sich bereits aus der Notwendigkeit unseres Denkens ergeben: „Nicht die Erfahrung", hatte Kant hierzu gesagt, „nicht ein Faktum, macht den Staat an sich notwendig, sondern es liegt a priori in der Vernunftidee eines nichtrechtlichen Zustandes, dass man in ihm niemals sicher sein kann, so dass sich, wenn man nicht allen Rechtsbegriffen entsagen will, der Grundsatz ergibt, man müsse aus dem natürlichen Zustand, in welchem jeder seinem eigenen Kopfe folgt, herausgehen und sich mit allen anderen dahingehend vereinigen, sich einem öffentlich-gesetzlichen äußeren Zwang zu unterwerfen, also in einen Zustand treten, darin jedem das, was für das Seine anerkannt werden soll, gesetzlich bestimmt und durch hinreichende Macht zuteil wird."

Heute dagegen wird die Politik per TED-Umfrage gemacht, was ja auch ein durchaus rationales Verhalten in den gegenwärtigen Zeiten ist. Denn wenn die Finanzmärkte es durch die Verbindung von Liberalisierungstendenzen mit den Methoden der modernen Kommunikationstechnik nunmehr schaffen, ihr Mäntelchen immer schneller in den stetig wechselnden Wind zu hängen, wie könnte man da gleichzeitig der Politik dieses Unterfangen vorenthalten? Und wenn dann auch noch ein passendes Gutachten ..., doch auweia!

Ja, auweia – wenn nur irgendwann irgendjemand an diesem Beispiel einmal exemplarisch mitbekommen würde, wie in der Politik heutzutage tatsächlich die Entscheidungen getroffen werden. Da kreißt zuerst der Berg, von dem man vorher Stein und Bein geschworen hatte, dass er überhaupt kein Berg ist; dann gebärt dieser Berg eine Maus, worauf man postwendend überall Mausefallen installiert, die jedoch später, als man realisieren muss, dass die Mäuse diese Falle meiden, wieder weggeräumt werden, schließlich jedoch als großes Mäusedenkmal – gleichsam die Freiheit dieser Spezies symbolisierend – Weltruhm erlangen.

Aber egal, jetzt lag es nicht nur vor, das gute Stück, jetzt hatte auch ..., doch man traute sich in der Tat gar nicht mehr, weiterzureden an dieser Stelle. Auf jeden Fall: Unabhängig davon klang das alles verdächtig danach, als ob hier nur jemand aus einem Gutachten abgeschrieben hätte, welches das Fürstentum Sealand einmal ..., wobei bis heute nicht definitiv zu klären ist, wie der Erfolg bei dieser Geschichte denn nun letztlich eigentlich ausgefallen war. Doch unbezweifelbar positiv stellte sich dann alles in Hinsicht auf Schwarzenstein dar ...

Streng vertraulich!

Gutachten/Schiedsgutachten über den internationalen Status eines neu zu gründenden Staates Schwarzenstein,

dargestellt von Univ.-Prof. Dr. Dr. habil. Bernward Furthwängler, Universität Den Haag, Niederlande.

(1) Die Gründung eines Staates im Allgemeinen

In Anlehnung an die Doktrin internationalen Rechts sind folgende drei Elemente notwendig, um einen Staat zu gründen. Diese entsprechen der Formulierung von Dr. Reuter: „Um einen Staat zu gründen, benötigt man eine Population und ein Territorium". Internationale Praxis bestätigt diese These. Das gemischte deutsch-polnische Schiedstribunal erklärte hierzu beispielsweise im Fall der deutschen kontinentalen Gasgesellschaft im Jahr 1929 wie folgt: „Ein Staat existiert unter der Bedingung, dass er ein Territorium besitzt, von Menschen bewohnt sein kann, und das Territorium öffentlich für die Population zugänglich ist."

Man kann zu diesem Sachverhalt zudem auch Definitionen hinzuziehen, die in Artikel 1 der „Konventionen von Rechten und Pflichten eines Staates“ der 7. Internationalen Konferenz der amerikanischen Staaten in Montevideo vom 26. Dezember 1933 aufgestellt wurden. Der Staat ist danach eine Person von internationalem Recht und sollte folgende Qualifikationen haben: eine permanente Bevölkerung, ein definiertes Territorium, eine Regierung, die Kompetenz und die Möglichkeit, sich in Beziehungen zu anderen Staaten zu begeben.

In der Tat determiniert das internationale Recht den rechtlichen Status sowohl einer physikalischen Person – inklusive ihrer Kapazität, sich innerhalb einer Sphäre, in der diese lebt, zu handeln – wie auch einer juristischen Person. Gleichermaßen ist im internationalen Recht der Staat durch die Personen selbst existierend. Kein Zweifel besteht, wenn es eine Tatsache ist, dass eine Gemeinschaft, die vorgibt, diese Kompetenzen zu haben, tatsächlich diese Elemente innerhalb eines Staates präsentieren kann.

In jedem Staat existiert eine Macht, die an bestimmte Organe delegiert ist und dazu dient, eine Bevölkerung zu regieren. Diese politische Macht, die oft als öffentliche Autorität dargestellt ist, stellt damit letztlich das Äquivalent zum Begriff „Souveränität“ dar, als Souveränität selbst, als ursprüngliche Macht, in dem Sinne, dass sie aus keiner anderen Macht hervorgeht. Andererseits bedeutet Souveränität übergeordnete Macht in einem Rahmen von einer gut definierten Kompetenz. Nicht nur, dass es nichts darüber hinaus gibt, sondern, dass diese ebenfalls exklusiv in ihrer Sphäre gültig ist und es keine gleiche oder rivalisierende Macht gestattet.

Herausragende Veröffentlichungen, die sich mit internationalem Recht befasst haben, halten die direkte Unterwerfung unter das internationale Recht für die logische Konsequenz jeglicher Kompetenz eines Staates. Dies ist auch die Sicht von Guggenheim, der hierzu ausführt: „Die direkte Unterwerfung von Menschen eines souveränen Staates nennt sich Unabhängigkeit. Eine selbst regierte menschliche Gemeinschaft, die sich einer regelmäßigen wirksamen Rechtsordnung unterwirft und damit am völkerrechtlichen Verkehr teilnehmen kann". Verdross schreibt inhaltlich das Gleiche und formuliert wie folgt: „Ein souveräner Staat ist eine vollständige und dauerhafte menschliche Gemeinschaft mit voller Selbstregierung, die mit einer völkerrechtlichen unmittelbar auf einem bestimmten Gebiet mit regelmäßiger wirksamer Rechtsordnung verbunden wird und so organisiert ist, dass sie am völkerrechtlichen Verkehr teilnehmen kann".

(2) Die spezielle Situation des Staates Schwarzenstein

Die rechtliche Ordnung eines Staates Schwarzenstein begründet sich damit nicht durch eine übergeordnete Autorität. Das Oberhaupt des Staates Schwarzenstein bekleidet eine gewählte Instanz, welche die legislative Macht ausübt. Eine Regierung wird für eine funktionierende Exekutive sorgen, und ein hohes Gericht kann angerufen werden, um die rechtliche Macht durchzuführen. Die Macht dieser Staatsorgane und die Rechte der Bewohner sind in der Verfassung geregelt.

Im Licht dieser Fakten komme ich zu folgendem Schluss: Schwarzenstein zeigt öffentliche Autorität und besitzt alle normalen Funktionen einer Staatsmacht im Inneren als auch im Äußeren, welche repräsentiert ist durch seine über-

geordnete ausschließliche Macht über sein eigenes Staatsgebiet. Der Staat unterliegt keiner ausländischen Gerichtsbarkeit. Seine nationale Rechtsordnung begründet sich in der übergeordneten Rechtsordnung innerhalb des Territoriums. Dies führt zu der Aussage, dass Schwarzenstein direkten Anschluss an das internationale Recht hat. Konsequenterweise kann die Souveränität Schwarzenstein nicht bestritten werden. Schwarzenstein ist deshalb als Subjekt internationalen Rechts anzuerkennen.

(3) Das Staatsterritorium

Der Begriff „Staatsterritorium" im internationalen Recht bezeichnet das Gebiet, in dem der Staat seine übergeordnete Autorität ausübt. (Entsprechend die Schiedsspruchanerkennung, ausgerufen von Max Huber auf der Insel Palmas 1928.): Daraus folgt, dass die Souveränität sich auf eine Teiloberfläche des Globus bezieht und die rechtlich notwendige Bedingung ist, für die Einbeziehung eines Teil-Territoriums in einem bestimmten Staat. Souveränität im Verhältnis zum Territorium bezeichnet man als territoriale Souveränität. Souveränität zwischen Staaten bedeutet Unabhängigkeit. Unabhängigkeit bezogen auf einen Teil des Globus bedeutet das Recht, hierin zu herrschen, unabhängig von jedem anderen Staat, die Funktionen eines Staates auszuüben. Das internationale Recht gibt zudem keine Bedingungen für die Größe eines Staatsterritoriums vor.

Der UN–Report über die internationale Schieds-Anerkennung am 14. Dezember 1970 bestätigt diese Aussage bei nachgewiesenen 94 zu 1 Stimmen und 20 Enthaltungen. Die Versammlung hat, nach Berücksichtigung der Frage bezüglich der Länder Amerikanisch Samoa, Antiqua, Bahamas, Bermuda, British Vergin Islands, Brunei, Cayman

Islands, Dominica, St. Helena, St. Licia, Seychellen, St. Vincent, Solomon Islands, Takelau, Türken- und Ciacos-Inseln (Territorien, von denen einige nicht mehr als 100 Bewohner haben), ihre Überzeugung ausgedrückt, dass die Frage nach territorialer Größe, geografischer Abgelegenheit oder eingeschränkter Ressourcen keinesfalls die Implementierung der Unabhängigkeit dieser Territorien verzögern darf.

(4) Die internationale Anerkennung des neuen Staates

Die politische Existenz eines Staates ist grundsätzlich unabhängig von der Anerkennung durch andere Staaten. Jeder Staat kann selbst entscheiden, ob er selbst einen neuen Staat anerkennen will. So ist es durchaus möglich, dass ein Staat von einigen Staaten anerkannt wird, während andere ihre Anerkennung verweigern.

Die internationale Praxis macht allerdings den Unterschied zwischen der De-jure- und der De-facto-Anerkennung eines neuen Staates. Wenn es Zweifel bezüglich der Stabilität eines Staates und dessen Machtausübung zu einem bestimmten Zeitpunkt gibt, so ist es möglich, dass die Anerkennung durch existierende Staaten bezüglich der Rechtsbarkeit des neuen Staates als fakultativ existierende Macht anerkannt wird.

Die De-facto-Anerkennung ist eine provisorische Anerkennung. Wenn ein Staat Stabilität bewiesen hat, wird aus der De-facto-Anerkennung im Laufe der Zeit die De-jure- Anerkennung. Ist das nicht der Fall, wird die De-facto-Anerkennung widerrufen. Die De-jure-Anerkennung drückt das Vertrauen in den neuen Staat aus. Das heißt, dass die De-jure-Anerkennung auch Jahre nach Gründung eines Staates ausgesprochen werden kann und ihre Gültig-

keit auf den Zeitpunkt der Gründung des neuen Staates rückbezüglich wirkt.

Die Anerkennung kann auf unterschiedlichen Wegen erfolgen. Entweder auf dem direkten Weg, zum Beispiel durch einen gemeinsamen Anerkennungsbeschluss oder durch den Austausch diplomatischer Noten, kann aber auch ruhend vollzogen werden, dann bezeichnet als facta concludia. Dazu gehören Fakten wie der Eintritt in diplomatische Beziehungen mit dem neuen Staat. Auch gehört dazu die gemeinsame Teilnahme an multilateralen internationalen Konferenzen oder gemeinsame Unternehmungen bei multilateralen internationalen Versammlungen, obwohl für diese Kontakte eine Anerkennung völlig unwichtig wäre. Sogar die De-jure-Anerkennung muss nicht zwingend den Eintritt eines neuen Staates in diplomatische Beziehungen bedeuten. Das internationale Recht macht das nicht zur Bedingung. Dies wurde bei der Konferenz für diplomatische Beziehungen am 18.April 1961 in Wien in Artikel 2 festgehalten: Die Schaffung von diplomatischen Beziehungen zwischen Staaten und permanente diplomatische Beziehungen untereinander bedürfen der gegenseitigen Übereinkunft.

In diesem Stile ging es schließlich Seite um Seite weiter. Doch Alexander von Schulenburg wusste natürlich nur zu genau: An den Märkten und in der Politik war es letztlich auch nicht anders als überall im sonstigen Leben auch. Entscheidend ist nicht nur, dass hinten etwas herauskommt, denn das ist ja eigentlich immer irgendwie der Fall. Nein, entscheidend ist vielmehr, was jeweils konkret hinten herauskommt.

7. Was für ein schöner Kater

Der 14. Juli des darauf folgenden Jahres war ein Samstag. Und nicht nur irgendein Samstag, sondern ein ganz besonderer Samstag. An diesem Samstag herrschte in Schwarzenstein und in ganz Europa ein Wetter, welches man durchaus mit dem Begriff „Kaiserwetter" bezeichnen konnte – was im Übrigen auch den Kern des Ganzen gleich in vielfacher Hinsicht traf. Denn das bedeutete, dass die Feierlichkeiten zu diesem schicksalsträchtigen Tag für die freie Welt und ihre befreiten Weltmärkte ganz wie geplant ablaufen konnten.

Am darauf folgenden Montag, den 16. Juli, eröffnete der Devisenmarkt allerdings nervös. Die Cross-Rates zwischen US-Dollar, Euro, Yen und Schweizer Franken blieben zwar von großen Verwerfungen verschont, doch alle Marktteilnehmer zeigten sich überrascht darüber, dass dieser gesamte Währungsblock eine deutliche Schwäche gegenüber dem Alpina aufwies.

Der Präsident der Republik Schwarzenstein, Alain le Cocq-Bleue, und der Chef der Schwarzensteiner Nationalbank, Abraham Grünspan, saßen gemeinsam bei einem Arbeitsfrühstück im Hotel zum Zauberberg. Die beiden ehrwürdigen Herren plagten sich jeweils mit heftigen Kopfschmerzen, denn so gefeiert wie in den letzten beiden Tagen hatten sie seit dem letzten Kriegsende schon nicht mehr.

Und selbst der Fußboden des Restaurants im Hotel befand sich immer noch im Zustand eines Zeitzeugen, denn nirgendwo konnte man derart trefflich die Spuren dieses Jahrtausendfestes ablesen. Oder sollte man besser sagen – abkratzen? Denn hier sah man deutlich, dass tatsächlich

Hochzeit, Taufe, Fasching, Geburtstag, Weihnachten und Silvester alle auf einen einzigen Tag gefallen waren. Der Boden war zentimeterdick mit Konfetti übersät, dazwischen mischten sich Reste von Hühnerbeinen, Frikadellen sowie sauren Gurken, alles garniert mit Luftschlangen und Nationalitätenfähnchen. Und in der Ecke lag tatsächlich ein abgebrochenes Weihbecken.

Alain le Cocq-Bleue hatte sich zu seiner zweiten Tasse Kaffee gerade auch die zweite Zigarre angezündet, wurde dabei jedoch unvermittelt heftig von einem Hustenanfall geschüttelt. Abraham Grünspan seinerseits war hingegen recht schnell wieder – wie am Vorabend auch – erneut zum Rotwein übergewechselt. „Man muss den Feind mit den eigenen Waffen schlagen“, hörte man von ihm in einer Mischung aus Reden und Lallen, „denn letztlich ist es beim Alkohol auch nicht anders als beim Geld. Denn nichts bekämpft den Alkohol besser als der Alkohol selbst.“

Beide Männer standen momentan also ganz unbezweifelbar mitten im Zenit ihrer Schaffenskraft. Zwar hatten sie bereits in ihrem vorherigen Leben schon einiges erreicht, doch der jetzige Erfolg war tatsächlich mit nichts zu vergleichen. Denn wer konnte schon von sich behaupten, einmal Gründungsmitglied eines souveränen Staates gewesen zu sein? Und wer konnte sich darüber hinaus auch noch auf seiner Visitenkarte mit der Bezeichnung „Präsident der Republik“ oder dem Titel „Notenbankpräsident“ schmücken?

Betrachtete man dies im Vergleich zu den Preisen, die heutzutage für Doktortitel, Ehrendoktorwürden, Professorentitel, Ghostwritertantiemen, Haartransplantationen, Bauchfettabsaugungen sowie sonstige Zeitgeistoperationen bezahlt wurden, so wertete dies diesen Freifahrtsschein nur noch weiter auf. Ja, hätte man in Schwarzenstein das Modell der negativen Einkommensteuer nicht bereits in die Verfassung aufgenommen, dann müsste man diese ganzen Dinge ganz bestimmt als Lohnnebenleistungen der Steuerpflicht unterwerfen, so viel war auf jeden Fall gewiss.

„Am besten fand ich wirklich“, erinnerte sich jetzt ein begeisterter und sichtlich aufgekratzter Alain le Cocq-Bleue, „als wir vom Bundespräsidenten die Entlassungsurkunde für die Gemeinde aus dem Bundesstaat bekommen haben. Da war es plötzlich wieder, dieses unsagbar schöne Gefühl von Freiheit und Unabhängigkeit. Das hat mich irgendwie alles sehr an die damalige Entlassung aus der Armee nach dem Krieg erinnert.“

„Ganz genauso ging es mir auch“, bestätigte Abraham Grünspan, „meine Lieblingsszene war jedoch die, als wir schon lange vorher gemerkt hatten, dass selbst die Grünen bei unserem Projekt nicht so recht mitspielen wollten, und wir dann die jüdische Karte gezogen und gesagt haben: ‚Wir hoffen doch nicht, dass hier wieder ...‘ Und plötzlich ging es dann doch irgendwie recht schnell, findest du nicht?“ Jetzt musste Abraham Grünspan herzlich lachen. „Doch ohne unsere Beziehungen“, ergänzte er sogleich, „hätten wir sicherlich für diese ganze Geschichte nicht einmal ein halbes offenes Ohr gefunden.“

„Du sagst es, mein Freund“, bestätigte le Cocq-Bleue, „vor allen Dingen, meinst du, die hätten nachgegeben, wenn wir nicht über die Nationalbank Druck gemacht hätten, dass ansonsten ihre nächste Emission von Staatsanleihen durchaus ein Problem werden könnte?“ Er lachte und klopfte sich auf die Schenkel. Dabei fiel ihm allerdings die Zigarre aus dem Mund und mischte sich mit den anderen Überbleibseln der Schwarzensteiner Revolution auf dem Fußboden.

Doch was machte das jetzt schon noch aus? Alain le

Cocq-Bleue hatte keinen Tribut gezollt, nein, diese unbeabsichtigte Geste reicherte diesen Revolutionscocktail vielmehr nur noch weiter an. Und Geld spielte jetzt doch sowieso keine Rolle mehr. Man konnte le Cocq-Bleues Zigarren zwar nicht selbst herstellen, doch dafür konnte man jetzt eigenes Geld drucken und überdies zinstragend anlegen, wobei nicht nur für le Cocq-Bleue mehr Zigarren herausspringen würden, als selbst die stärkste Lunge sie jemals würde vertragen können.

Alain le Cocq-Bleue griff denn auch sofort in sein Revers und holte ein neues Exemplar seiner exklusiven Sorte heraus. Zunächst zögerte er kurz, ob er die Manschette vor dem Anzünden entfernen sollte, entschied sich dann jedoch dagegen. Nein, man musste wirklich nicht immer mit der Zeit gehen. Manchmal konnte man auch selbst der Zeit den eigenen Stempel aufdrücken, sprach es und zündete sich seinen Torpedo an. Diesmal war es allerdings Abraham Grünspan, der husten musste.

Nach dem Husten entstand eine kleine Sekunde der absoluten Ruhe, die jedoch sehr plötzlich wieder zerstört wurde: Alexander von Schulenburg, seines Zeichens Finanzminister der Republik Schwarzenstein, stürzte in den Raum und rief freudig erregt: „Es klappt!“, jubilierte er. „Sie fressen es! Grünspan, Ihr Tresor wird voll geschaufelt mit Dollars, mit Euros, mit Yens und mit Schweizer Fränklis. Vor allem jedoch mit Euros. Die Leute scheinen wirklich eine Heidenangst vor der Politik in Brüssel zu haben. Und jetzt versuchen sie, alles zu retten, was noch zu retten ist.“

Auf Alain le Cocq-Bleues und Abraham Grünspans Gesichtern zeigte sich ein Lächeln. Alea iacta est. Jetzt war es tatsächlich und unumstößlich klar, dass alles nicht nur prinzipiell glanzvoll gelungen war, sondern dass es sich auch finanziell lohnen würde. Denn selbst trotz der umwerfend gelungenen Gründungsfeierlichkeiten hätte ein negativer Start des neuen Alpina an den Devisenmärkten das Gesamtkonzept durchaus noch einmal in Frage stellen können. Aber so? Jetzt sollten wirklich alle Klippen erst einmal erfolgreich umschifft worden sein, weshalb sich alle drei auch noch einmal festlich die Hand gaben und sich gegenseitig auf die Schultern klopften.

Alexander von Schulenburg hatte neben dieser guten jedoch auch noch eine schlechte Nachricht zu überbringen. Diese schlechte Nachricht war zwar keine genuin schlechte Nachricht, sondern stellte vielmehr nur das Spiegelbild zu der vorher genannten guten Nachricht dar. Doch im Grunde genommen änderte dies natürlich überhaupt nichts: Die Schwarzensteiner Notenpresse kam einfach nicht mehr mit!

Und dies war insofern besonders ärgerlich, als Abraham Grünspan in der Vorbereitungsphase noch extra zur Deutschen Bundesbank nach Frankfurt geflogen war, um sich dort anhand zweier historischer Referenzbeispiele Rat zu holen. Erstens ging es hierbei um die Erfahrungen der Deutschen Bundesbank beim physischen Umtausch der DDR-Vermögen in die damalige D-Mark und zweitens um die Unterlagen aus den Archiven, wie es der Vorgängerin der Deutschen Bundesbank, der damaligen Deutschen Reichsbank, in den Zeiten der großen Inflation zum Anfang der zwanziger Jahre gelungen war, den enormen Bedarf an umlaufenden Zahlungsmitteln zu befriedigen.

Doch obwohl alle diese Informationen den Schwarzensteinern sehr geholfen hatten, schneller als auf Höchstgeschwindigkeit konnte man die Notenpressen einfach nicht laufen lassen. Nun war es andererseits zwar richtig, dass die meisten Anleger, die ihr Geld nach Schwarzenstein transferiert hatten, überhaupt nicht in barer Form über dieses Geld verfügen wollten, sondern vielmehr durchaus mit einer Kontogutschrift zufrieden waren. Aber dennoch, welche Peinlichkeit wäre es gewesen, wenn jemand tatsächlich sein Geld in bar würde abheben wollen, die entsprechenden Geldscheine zu diesem Zeitpunkt jedoch gerade noch auf der Leine zum Trocknen hängen würden?

Aber "pssst"! Denn es gibt einfach Dinge, über die redet man wirklich nicht. Selbst dann nicht, wenn man sich in den gegenüber der Außenwelt völlig abgeschotteten Räumen des Schwarzensteiner Insiderzentrums befand. Nein, Geld hat man entweder oder man hat es nicht. Und wenn man keines hat, dann muss man eben schleunigst welches drucken. Und notfalls der Druckerpresse die Peitsche geben. Aber reden? Nein, reden tut man darüber natürlich nicht. Denn schließlich ist Geld doch stets Vertrauenssache. Vielleicht sogar die letzte Vertrauenssache, die es in dieser ansonsten so geschwätzigen Welt noch gibt.

8. Der größtmögliche Sachverstand

Gerhard Kegels Arbeitsplatz befand sich in einem dieser riesigen Handelssäle einer bekannten US-amerikanischen Investmentbank in Frankfurt am Main. Hier saß er an einem winzigen Tisch, auf dem zwei Monitore nebst einer Telefonanlage standen und der auch ansonsten bis über seine Kopfhöhe voll gestopft war mit den verschiedensten Dingen – Papierstapeln, Papierstapeln und noch einmal Papierstapeln. Es war sehr eng. Und da Kegel nicht gerade besonders schlank war, machte dies die Lage nur noch komplizierter, denn rechts und links neben ihm saßen seine Kollegen in direkter Tuchfühlung zu ihm, die wie wild auf die Bildschirme starrten und dabei völlig unverständliche Dinge in ihr Telefon brüllten.

Doch momentan schenkte Gerhard Kegel weder den Bildschirmen noch dem Telefon seine Aufmerksamkeit, sondern er hatte sich gerade vollkommen in eine kleine Broschüre mit dem Titel „A New Currency in a New Europe" vertieft. Kegel schüttelte den Kopf. Allerdings nicht, weil er vielleicht Probleme mit dem Englischen gehabt hätte. Die Fachtermini waren ihm mittlerweile durchaus geläufig.

Nein, es war vielmehr etwas völlig anderes, was ihn, um es moderat auszudrücken, hier plötzlich irritierte: Er verstand schlichtweg nicht, was ablief. Sollte es tatsächlich schon wieder eine neue Währung geben? Erst die Umstellung des DDR-Geldes auf die D-Mark, die ihm noch sehr gut in Erinnerung war, dann der Euro. Und jetzt? „Aber glücklicherweise ist Frankfurt am Main ja nicht Schwarzenstein", stellte er erleichtert nach einigen Minuten des unruhigen Lesens fest.

Doch warum dann das alles? Und: War das eigentlich überhaupt noch zeitgemäß? Natürlich gab es einmal eine Zeit, da hieß es überall: „Small is beautiful". Doch das war nun wirklich schon eine ganze Weile her. Und mittlerweile hatte man nicht nur das „Small" überall erfolgreich platt gemacht, sondern überdies auch aus den dabei entstandenen Scherben richtig große Einheiten gezimmert. Ja, heute galt doch nur noch das etwas, was groß und mächtig wirkte. Und darin kannte er sich als Investmentbanker nun wirklich nur zu gut aus.

Alles musste heute groß sein: Die Handelsspannen, die Volatilitäten der Märkte und natürlich auch die Provisionen. Gerade die Provisionen. Doch dieser Trend fand sich nicht nur in seinem Job, nein, dieser Trend zeigte sich gegenwärtig eigentlich überall. Denn auch hier musste alles groß sein: Die Hotelzimmer, die Hamburger, die Brüste der Frauen. Und selbst Euroland war ja ziemlich groß. Obwohl es andererseits natürlich nur eine kleine und schwache Währung besaß. Ob deshalb also der Umkehrschluss ...? Aber nein, dachte Kegel, denn die Geschichte mit dem Umkehrschluss hätte ihn beinahe schon einmal dazu gebracht, seine Hosen zu verlieren. Doch das war natürlich eine ganz andere Geschichte.

Kegel blätterte weiter durch die Broschüre und wunderte sich erneut über Unzeitgemäßes: Wie viel Text hier geschrieben stand und wie wenig Hochglanzfotos zu sehen waren. Ungewöhnlich war das auf jeden Fall, fand er. Denn normalerweise konnte man heutzutage doch auch alles irgendwie leicht ausdrücken. Früher einmal war zwar alles schwierig, da musste man oder da hätte man sich in komplizierte Konjunkturmodelle einarbeiten müssen. Aber heute doch nicht. Da gab es entweder ein „V", ein „U" oder eben ein „L". Und das war alles, was man über einen Konjunkturabschwung noch wissen musste. Denn entweder beschrieb die Konjunktur ein V und erholte sich sofort nach einem Abschwung wieder oder es dauerte etwas länger und wurde ein U. Oder aber der Aufschwung fiel erst einmal aus – und die Formation blieb ein L.

Bereits sichtlich enttäuscht las Kegel weiter. „Der Wechselkurs einer Währung“, hatte dort der Chefvolkswirt der Schwarzensteiner Nationalbank geschrieben, „ist stets eine monetäre Kategorie. Folglich ist der Preis einer Währung auch immer ein Spiegelbild der Devisenbewegungen und damit der Kapitalströme. Aufgrund der grundlegenden Stock-Flow-Beziehungen lässt sich daher schließen, dass in jedem Fall die Bestandsgrößen „Geld“ und „Vermögen“ über die Höhe und die Richtung der Warenströme bestimmen werden.“

„Kennzeichen einer Hartwährung“, so las Kegel weiter, „ist zunächst einmal ihre Auszeichnung als kontraktfähige Währung. ‚Kontraktfähigkeit‘ bedeutet, dass Vermögenseigentümer sowie Händler bereit und gewillt sind, in dieser Währung Verträge abzuschließen. Hier bereits scheitern die Länder der Dritten Welt, die aufgrund ihrer Weichwährungen gezwungen sind, alle Kontrakte in Hartwährungen wie Dollar, Euro oder – mit Einschränkungen – auch in Yen abzuschließen. Neben dieser notwendigen Bedingung lautet schließlich die hinreichende Bedingung für eine Hartwährung: Sie muss eine stetige Aufwertungserwartung im Markt begründen können. Entscheidende Parameter hierfür sind einerseits die Notenbankpolitik des Landes, welche den Märkten die unbedingte Knapphaltung ihrer Währung überzeugend vermitteln muss, sowie andererseits der Stand der Kapitalbilanz dieses Landes.

Eine potentielle Gefährdung jeder sich neu etablierenden Hartwährung liegt insbesondere darin, dass die Kapitalzuflüsse eine Inflationierung der heimischen Einkommensverwendung herbeiführen könnten, welche wiederum geeignet wäre, die Leistungsbilanzüberschüsse in ihr Gegenteil zu verkehren. Doch eine weitsichtige Geldpolitik sollte eine entsprechende Sterilisierungsstrategie frühzeitig implizieren und damit jegliche Störungen bereits im Vorhinein bekämpfen können. Hierfür scheinen gerade in Mikro-Nationen wie Schwarzenstein die Voraussetzungen in geradezu idealtypischer Weise gegeben zu sein."

Mein Gott, wie kompliziert das alles ist, dachte Kegel resignierend und wollte eigentlich schon die Broschüre aus der Hand legen. Sollte das tatsächlich ein Verkaufsprospekt für eine Währung sein? Das Analystenhaus Grillmeister Investment hatte sein Rating für den Alpina zwar auf „Buy" gesetzt, aber was hier von ihm verlangt wurde, das war doch allerhand: Sich selbständig Gedanken machen, wo kommen wir denn da hin, fragte er sich selbst in einer Mischung aus Empörung und Überzeugung. Das war doch nun wohl wirklich ein Relikt aus dem letzten Jahrtausend, auf jeden Fall jedoch nichts für die Gegenwart.

Selbständige Gedanken? Nein, so etwas nutzte heute wirklich niemandem mehr, das war völlig klar. Heute musste man vielmehr versuchen, die Fährte des Marktes zu erspüren und dann einfach mitzumarschieren. Mitzumarschieren, das war ja bereits schon immer, und jetzt erst recht wieder, das aktuelle Gebot der Zeit. Und dabei natürlich nicht vergessen, immer ein Stop Loss zu setzen. Denn wenn es nicht klappt, ist man damit in jedem Falle wieder fein raus. Auch das natürlich eine Conditio sine qua non: Sich nur nicht zu lange und zu fest binden! Er schüttelte noch einmal verständnislos den Kopf und murmelte vor sich hin: „So etwas, was die sich so alles vorstellen? Sich eigene Gedanken machen ..."

Er schaute in seinen Terminkalender. Was lag denn heute eigentlich noch so alles an? Erst die Analystenveranstaltung über den Alpina. Und dann? „Ach, du

Schreck, der Wirtschaftslehrgang. Wirtschaft für Anfänger. Auch das noch!" Heute blieb ihm anscheinend wirklich nichts erspart.

Er packte seine Tasche, nahm sein Jackett und ging zur Tür des Handelssaals, währenddessen er ein paar seiner Kollegen auf die Schulter klopfte. „Bring ein paar Unterlagen mit", riefen ein paar von ihnen ihm hinterher, worauf er sofort bereitwillig mit dem Kopf nickte. Jetzt war es fast wieder wie früher an der Uni, freute er sich, wo sich auch immer nur einer aus ihrer Truppe in die Vorlesung begeben und die anderen hinterher dessen Aufzeichnungen kopiert hatten. Ja, den Herausforderungen der Wissensgesellschaft waren sie bereits damals in jeder Beziehung gewachsen gewesen. Und seitdem hatten sie sich sicher eher noch verbessert und hundertprozentig der neuen Zeit angepasst.

Der Saal für die anstehende Präsentation war bereits gut gefüllt, als Kegel eintraf. Er suchte sich einen Stuhl in einer der letzten Reihen, nahm seine Broschüre hervor, einen leeren Zettel und einen Stift und wartete von diesem Moment an auf die Dinge, die da kommen würden. Nach der Präsentation gab es noch Kaffee und einen Imbiss. Er war sehr froh darüber, denn jetzt musste er sich stärken und bei den Kollegen noch ein bisschen herumfragen, das wusste er. Schließlich hatte er leider den größten Teil der Präsentation schlichtweg verschlafen. Es war ja auch so schön dunkel und kuschelig hier hinten. Und warum sich aufregen, wie diejenigen Analysten, die sich extra ganz vorn hingesetzt hatten, um den neuen Notenbankchef der Republik Schwarzenstein mit ihren eigenen Theorien traktierten zu können:

„Herr Grünspan, wie kommen Sie zu Ihren Aussagen, dass es letztlich die Kapitalbewegungen sind, die die Warenströme bestimmen? Für uns ist es immer noch der

Überschuss oder das Defizit einer Handelsbilanz, welches letztlich über den Wert einer Währung entscheidet."

„Herr Grünspan, ich schließe mich meinem Vorredner an. Der Wechselkurs einer Währung spiegelt immer die Kaufkraftparitäten wider, so dass immer dann ein Gleichgewicht gewährt ist, wenn der Wechselkurs sich so einpegelt, dass vergleichbare Güter gleich teuer sind in beiden Ländern. Ihre Kapitalbewegungs-These ist daher in keinem Falle haltbar."

„Herr Grünspan, ich schließe mich meinen Vorrednern in ihrer Kritik zwar nicht an, weil ich glaube, dass eher das Gegenteil von dem, was sie sagen, wahr ist. Aber dennoch habe ich eine Frage anzubringen: Wie glauben Sie, wird der Außenhandel von Schwarzenstein auf die erwartete Wechselkursentwicklung reagieren? Wird es eine normale Reaktion im Sinne der Standardtheorie sein oder eher eine anormale?"

„Herr Grünspan, ich schließe mich explizit meinem Vorredner nicht an, da ich sicher weiß, dass nicht das, was er sagt, richtig ist, sondern genau das Gegenteil davon. Daher auch meine Frage zu der Frage meines Vorredners: Wenn die Kapitalbilanz von Schwarzenstein so dominant, die Handelsbilanz hingegen nahezu überhaupt nicht existent ist, kann es dann nach der Kaufkraftparität überhaupt einen Wechselkurs für den Alpina geben?"

„Herr Grünspan, auch ich bin der Meinung, dass stets eher das Gegenteil des Gegenteils wahr ist als das Gegenteil von dem, was wir hier alle glauben. Daher glaube ich auch, dass es Zeit wäre, noch ein bisschen detaillierter auf den Außenhandel der Republik Schwarzenstein einzugehen. Glauben Sie also in diesem Zusammenhang tatsächlich ..."

Herr Grünspan, ... Herr Grünspan, ... Herr Grünspan, ...
„Mein Gott, ich habe wirklich keine Ahnung, was das alles

soll“, sagte Kegel zu seinem Kollegen, den er noch aus seiner Universitätszeit kannte und der beinahe ebenso dick war wie er selbst. Er trank schnell und gierig seine Tasse Kaffee mit einem Schluck aus und setzte seine durchaus pointierte Meinungsäußerung fort: „Analystentreffen sind doch wirklich eine komplizierte Angelegenheit.“

„Kein Wunder“, bestätigte sein ebenso dicker Kollege, der ein ausgewiesener Freund der feinen logischen Analyse war, „denn schließlich ist hier ja die geballte Intelligenz eines ganzen Landes versammelt. Und wenn wir beide dabei tatsächlich alles verstehen würden, dann könnte es damit wirklich nicht allzu weit her sein. Es ist also viel besser, wenn wir tatsächlich nicht alles verstehen. Vielleicht nicht für uns, für unser Land jedoch allemal. Und darauf kommt es doch schließlich an, oder?“

„Wie wahr, wie wahr“, stimmte ihm Kegel zu. „Aber eine Sache verstehe ich trotzdem nicht. Wie kann der Alpina eigentlich so fest sein, wenn es doch so viele kritische Stimmen gibt, wie wir eben gehört haben? Oder habe ich hier einfach nur an den falschen Stellen zugehört?“

„Ich weiß nicht“, antwortete sein ebenso dicker Kollege, „vielleicht trifft hier ja auch immer das Gegenteil dessen ein, was ursprünglich gesagt wird.“

„Sei’s drum“, antwortete Kegel und trank eine weitere Tasse Kaffee in einem Zug aus, denn nun fing die Zeit an, ihn zu drücken, „wir werden ja eh sehen, was passiert. Ich werde meinen Kollegen auf jeden Fall sagen, es war eine Spitzenvorstellung. So – und jetzt gehe ich zum Wirtschaftskurs.“ Er verabschiedete sich von seinem ebenso dicken Kollegen und schickte sich bereits an loszugehen, drehte sich dann jedoch noch einmal um und fragte: „Was ist eigentlich mir dir? Warst du schon dort?“

„Nein“, antwortete dieser, „ich habe leider die Qualifikationsvoraussetzungen für den Anfängerkurs noch nicht erreicht. War zu viel Stress im Büro. Aber im nächsten Herbst werde ich auch gehen. Das hoffe ich jedenfalls."

In der Business School angekommen, platzierte sich Kegel, nachdem er – wie immer natürlich vollkommen durchgeschwitzt – nach einigen Schwierigkeiten letztlich doch noch den richtigen Raum gefunden hatte, erneut in einer der letzten Reihen. Glücklicherweise war es hier jedoch heller als bei der Analystenveranstaltung. Außerdem zog es, was insgesamt natürlich eine recht ungemütliche Atmosphäre schaffte, die Kegel jedoch regelrecht zur Aufmerksamkeit zwang. Was für ein Glück für ihn, denn gleich am Anfang behandelte der Kursleiter eines der ganz, ganz wichtigen Themen:

„Meine sehr verehrten Damen und Herren, von dem britischen Politiker William Gladstone stammt das schöne Bonmot, dass nicht einmal durch die Liebe so viele Leute verrückt geworden sind wie infolge des Nachdenkens über das Wesen des Geldes."

Ein Raunen ging durch den Saal, und Kegels Nachbar, der bekannte Fondsmanager eines großen Aktienfonds, stieß ihn an und sagte: „Na, das kann ja heiter werden." Und bereits ein oberflächlicher Blick in den Raum zeigte, dass dieses Urteil durchaus zutreffend war. Denn da saßen sie nun alle, diejenigen, die bereits alle Motivationskurse, jegliches Führungstraining und sämtliche Kurse über Entscheidungsmanagement absolviert hatten, vom Verkaufstraining einmal ganz abgesehen. Sie hatten also schon fast alles hinter sich – doch das war ihr erster Wirtschaftskurs.

Der Kursleiter kannte diese Problematik natürlich und trug ihr daher auch Rechnung: „Der entscheidende Punkt für ein adäquates Verständnis der Wirtschaft", begann er folglich so rudimentär wie nur möglich, „ist es, zu verstehen, dass das Geld in unserer Wirtschaft eine Doppelrolle spielt, deren beide Teile wir jedoch streng voneinander unterscheiden müssen, um nicht mit unserem Denken und unseren Aussagen völlig in die Irre zu geraten."

„Theorien?", stieß erneut der bekannte Fondsmanager zu seiner Rechten Kegel an, „was sollen wir denn mit Theorien? Ich jedenfalls will keine Theorien lernen, sondern ich will wissen, was in Wirklichkeit los ist." Kegel schaute kurz hinüber, zuckte mit den Schultern und widmete sich sofort wieder primär dem Kursleiter und dessen bunter Krawatte. Völlig aufmerksam war er dabei allerdings nicht, denn ein Punkt schwirrte ihm bereits seit einigen Minuten durch den Kopf: Hätte er nicht eben nach der Analystenveranstaltung anstatt ausschließlich so viel Kaffee zu trinken nicht doch noch das eine oder andere belegte Brötchen essen sollen? Denn wer wusste schon im Vorhinein, wie lange dieser Kurs heute dauern würde. Überdies knurrte sein Magen ja bereits jetzt, und jeder Gedanke an etwas Essbares ließ ihm das Wasser im Mund zusammenlaufen.

„Also: Die erste Funktion des Geldes ist es, den Wertstandard in einer Volkswirtschaft abzugeben. Das heißt, dass alle Güter und Vermögenswerte stets in Einheiten dieses Geldes bewertet werden. Das klingt zwar trivial, ist es jedoch nicht. Denn alle Güter und Vermögen werden zwar in Geldeinheiten bewertet, sind jedoch selbst kein Geld. Geld sind vielmehr nur die Geldscheine, welche die Notenbank herausgibt, sowie zu einem gewissen Teil auch die Kontoguthaben, die bei den Banken bestehen."

„Und warum ist diese Unterscheidung so wichtig?", insistierte der Kursleiter und blickte in sein ratlos dreinschauendes Publikum. „Weil wir sonst beispielsweise den Aktienmarkt nicht verstehen könnten. Denn verwechselt man diese beiden Geldfunktionen, dann würde man bei dem gegenwärtigen Anstieg der Marktkapitalisierung der deutschen Börse von zwei auf drei Billionen Euro denken, im gleichen Maße wäre auch Geld entstanden. Doch dies ist natürlich falsch. Denn jetzt haben wir in Deutschland nicht mehr Geld, sondern – in Relation zu den Aktienkursen – eher weniger Geld als vorher.

Es ist daher auch kein Geld an den Aktienmarkt geflossen, sondern es haben sich nur die Bewertungen erhöht, was jedoch zur Konsequenz hat, dass sich jetzt immer mehr Vermögenswerte auf einem immer kleineren Stapel von Geld aufgetürmt haben. Und spiegelbildlich dazu: Wenn es runtergeht, wird kein Geld vernichtet. Auch wenn der Einzelne aufgrund seiner Verluste glaubt, dass dies so wäre."

„Der redet aber einen Schwachsinn!" Wieder stieß der bekannte Fondsmanager zu seiner Rechten Kegel an. Diesmal beließ dieser es jedoch nicht bei dem Einwurf, sondern diesmal erregte er sich wirklich: „Der Typ hat doch keine Ahnung. Natürlich fließt Geld an die Märkte, wenn die Kurse steigen. Das sagen nämlich alle: Banker, Analysten, Fondsmanager, schlichtweg alle Praktiker. Und letztlich haben die Praktiker ja doch immer Recht. Nur dieser Typ da vorne, dieser verstaubte Theoretiker, der scheint sich ja für etwas ganz Besonderes zu halten."

Kegel wandte seinen Kopf leicht nach rechts und wollte sich schon gerade wieder abwenden, doch ganz plötzlich hatte er ein ganz unverhofftes Aha-Erlebnis. Natürlich war das nicht von der Hand zu weisen, was der Fondsmanager sagte. Weil es nie von der Hand zu weisen war, was ein Fondsmanager sagte. Denn wer binnen kurzer Zeit zu allen Themen sowohl alles als auch das Gegenteil von allem gesagt hatte, musste zwangsläufig immer Recht haben. Doch nein, Kegels Erlebnis zielte in eine etwas andere Richtung: Jetzt wusste er nämlich endlich, warum er auch dann, wenn es am Aktienmarkt einmal senkrecht nach unten ging, eigentlich nie jemanden finden konnte, der dort auch Geld verlor.

9. Im Schwarzensteiner Tresorkeller

Alexander von Schulenburgs Aufregung war mit den Händen greifbar. Der Alpina, die neue Währung Schwarzensteins, hatte an den internationalen Märkten wie ein Hammer eingeschlagen. Gerade kam ein Anruf der Bank für Internationalen Zahlungsausgleich aus Basel und avisierte den Schwarzensteinern, dass der Republik Schwarzenstein allein am heutigen Tag erneut umgerechnet 50 Milliarden Alpina an Währungsreserven zugeflossen sein sollten. In den letzten drei Tagen waren es damit zusammengerechnet 120 Milliarden und in diesem Monat insgesamt fast 500 Milliarden.

Die Republik Schwarzenstein hatte sich damit bereits in den ersten Monaten ihrer Existenz von null auf einen Platz unter den „Top Ten" der Welt in Hinsicht auf die Größe der Devisenreserven katapultiert – und dabei selbst große Nationen wie Südafrika, Kanada und Australien deutlich hinter sich gelassen. Und was das Tollste daran war: Ganz wie an der Börse auch, so schienen die Spekulanten durch die vergangenen Kurssteigerungen keineswegs beunruhigt oder auf eine Sicherung ihrer Gewinne aus zu sein. Nein, alles sah durchaus danach aus, als ob auch hier die eine Hausse die nächste trieb und der Kursaufschwung des Alpina folglich derzeit noch recht weit an seinem Anfang stand.

Zusätzlich zur positiven Marktstimmung verkündeten nun auch alle Anlagemagazine europaweit, dass der Alpina derzeit immer noch eine treffliche Gelegenheit zum Einstieg böte. Denn steigende Kurse, so schrieb man, das lehre nicht zuletzt die Psychologie, würden von den Menschen immer gleichzeitig auch als noch niedrige Kurse betrachtet werden. Das Bedürfnis der Menschen, sich die Zukunft so auszumalen, dass sie in jedem Fall der Gegenwart und Vergangenheit ähnelt, das Verhalten also, vorhandene Trends stets statisch in die Zukunft hinein zu extrapolieren, kam zu den sowieso sehr positiven Fundamentaldaten noch hinzu – und bewirkte eine regelrechte Explosion des Wechselkurses des Alpina gegenüber den anderen Hartwährungen der Weltfinanzen.

War das kleine Schwarzenstein im Zuge seiner Gründungsfeierlichkeiten noch von Touristen aus aller Welt überschwemmt worden, die auf jeden Fall diesem Ereignis beiwohnen wollten und sich folglich noch wenig preissensibel zeigten, so machte insbesondere die Heftigkeit und Schnelligkeit des Wechselkursanstiegs des Alpina nunmehr den Skitouristen doch etwas zu schaffen. Denn nur selten gelang es den Hoteliers und Restaurants, ihre Preise in dem gleichen Tempo zu ermäßigen, wie der Alpina in die Höhe schoss. Denn wer wollte schon für ein identisches Gericht am Abend bereits andere Preise nehmen als noch am Morgen?

Hinterher, in der Steuererklärung, so hatte man den Gewerbetreibenden von Schwarzenstein versichert, wäre das alles natürlich kein Problem; hier würde man stets zu Gunsten der Beteiligten entscheiden. In Hinsicht auf die Touristen jedoch konnte natürlich bereits jede minimale Zeitverzögerung zu Unmut und Enttäuschung führen, das war den Autoritäten durchaus klar. Man entschloss sich deshalb auch sehr schnell und sehr unbürokratisch, das Preisniveau in Schwarzenstein ganz generell – bezogen auf den Wechselkurs – zu indizieren. Wir haben es hier also mit einem weiteren revolutionären Akt der Wirtschaftspolitik zu tun, der später einmal als „Versatile crawling peg“, also als „umgedrehte Wechselkursanbindung“ in die Literatur der Wirtschaftswissenschaften eingehen sollte.

Natürlich hatte man auch überlegt, das lästige Problem der Indexierung einfach dadurch zu umgehen, indem man sowohl den Euro als auch den US-Dollar ebenfalls als gesetzliches Zahlungsmittel in Schwarzenstein zugelassen hätte. Doch selbstverständlich war man nicht so dumm und grub sich selbst das Wasser der eigenen Erfolgsgeschichte ab. Denn schließlich war man ja weder im Kosovo noch in Südamerika zu Hause, sondern vielmehr ganz weit oben in den Bergen in Schwarzenstein.

Nicht nur die Touristen, sondern auch die Kapitalanleger aus aller Welt nahmen die schnelle Entscheidung zum „Versatile crawling peg" denn auch mit Wohlwollen auf, zeigte dieses Beispiel doch erneut, wie flexibel dieses freie kleine Land sich im Vergleich zu allen anderen Ländern auf dieser Welt den Wünschen der Anleger und Investoren anpassen konnte. Denn genau das war es doch: Die Weltbürger von heute wollen keinen politischen Dauerstreit, kein Gezänk von verfeindeten Parteien, sondern sie wollen ganz einfach Entscheidungen.

Und nicht nur Entscheidungen, sondern selbstverständlich die richtigen Entscheidungen – keine Steuern, keinen aufgeblähten Sozialstaat und keine teure Bürokratie. Dafür jedoch den maximalen Schutz aller Vermögen. Bis auf die Todesstrafe konnte Schwarzenstein seiner Zielgruppe, den modernen Menschen von heute, also alles bieten, was das Herz begehrte. Weshalb man nunmehr überall nur noch zufriedene Gesichter sah und entsprechende Reden hören konnte: „Alles spricht immer noch von der New Economy. Doch eigentlich ist das ja bereits der Schnee von gestern. Denn was jetzt gefordert ist, ist nicht die New Economy, sondern vielmehr die New Nation."

Spiegelbildlich zu seinem wirtschaftlichen Erfolg bekam Schwarzenstein jedoch zunehmend ein politisches Problem. Denn Schwarzensteins Grenzen glichen mittlerweile fast den alten DDR-Grenzen, so intensiv wurden mittlerweile alle Zug- und Autofahrer aus den Nachbarstaaten auf verstecktes Schwarzgeld untersucht. Und selbst auf den Skirouten, so munkelte man, sollten mittlerweile Steuerfahnder in Zivil unterwegs sein. Was für seltsame Blüten Erfolgsgeschichten doch manchmal treiben konnten.

Hinzu kam, dass nunmehr alle anderen europäischen Mikronationen, die zumindest indirekt zur EU gehörten, versuchten, über ihre Hegemonialmächte diplomatischen Druck auf Schwarzenstein auszuüben, da sie durch deren Existenz nunmehr die ihrige in Frage gestellt sahen. So hatte beispielsweise die Regierung des Vereinten Königreiches hinter den Kulissen energisch dagegen protestiert, dass das Recycling der russischen Mafiadollars mittlerweile nicht mehr über die zum United Kingdom gehörende Kanalinsel Jersey abgewickelt wurde. Und auch Liechtenstein sah seine Existenz im Geschäft mit der Finanzierung der deutschen Parteien sowie der Kontoführung für französische Staatsunternehmen bedroht.

Alain le Cocq-Bleue hatte also alle Hände voll zu tun. Eigentlich hatte er sich ja darauf gefreut, in aller Ruhe und mit viel Geld, die Ausstattung der neuen Botschaftsgebäude der Republik Schwarzenstein, die nun in allen Hauptstädten Europas und der Welt entstanden, zu fördern und zu überwachen. Doch der Erfolg des Schwarzensteiner Modells ließ ihm hierfür nur wenig Zeit, denn nahezu rund um die Uhr musste er zusammen mit seinem neu zusammengestellten Diplomatenstab hinter den Kulissen die Wogen glätten.

Doch was machten alle diese Probleme aus, solange das Geschäft in der Schwarzensteiner Devisenhandelszentrale weiterhin so brodelte wie an diesem Tag? Der Alpina notierte gerade bei 0,5125 und aus den Lautsprechern und Telefonen drangen die merkwürdigsten Geräusche:

„Sechs Geld, acht Brief die Dolores."
„Ich habe schon vier zu sieben."
„Zehn Milliards an dich zu vier."
„Zehn Milliards von dir mit vier."
„Noch zehn Minuten bis zu den Leistungsbilanzzahlen. Erwartet werden plus 37,9 Prozent zur Vorwoche. Das ist die Konsensschätzung."
„Vorher handele ich auch nicht mehr. Ich will jetzt erst die Zahlen haben."
„Wie viel haben wir denn heute schon gedreht?"
„250 Milliards roundabout."
„Und der Netto-Inflow?"
„Bisher 13 Milliards."
„Wie lange ist jetzt noch?"
„Immer noch acht Minuten. Zeit zum Relaxen."
„Pedro, sag mal: Das Schwarzensteiner Warzenschwein weint schwarzen Schweinewein."
„Was?"
„Das Schwarzensteiner Warzenschwein weint schwarzen Schweinewein. Schwarzen Schweinewein weint das Schwarzensteiner Warzenschwein."
„Das Schwarzenweiner Steinewein ..."
„Nein, das Schwarzensteiner Warzenschwein ..."
„... schweint Warzensteiner ..."
„Okay, gleich ist es soweit. Volle Konzentration: Kaufen oder verkaufen, das ist jetzt die Frage."
„Alle fertig? Wer fertig ist, sagt ‚nein'."
„Schwein – äh, ich meine natürlich: nein."

10. Bei Grünspan zu Hause

Abraham Grünspan saß in seiner neuen Badewanne und grübelte. Grünspans Badewanne war gleichsam seine rituelle Waschstelle, sein Ruhesofa, sein Arbeitszimmer und sein Abenteuerspielplatz in einem. Denn neben einer heute bereits überall üblichen Whirlpoolanlage verfügte diese Badewanne über die Möglichkeit der Durchleitung vielfarbiger und völlig verschieden duftender Wässerchen und Alkoholika sowie einiger anderer Raffiniertheiten, die hier jedoch aus Diskretionsgründen besser verschwiegen bleiben.

Na ja, es war ja eigentlich auch ganz logisch so. Denn während normale Kinder sich in ihrer Jugend austoben und ihre eigenen Abenteuerspielplätze erfinden konnten, musste Abraham Grünspan bereits von früher Jugend an ständig nur repräsentieren. Erst seine Familie und die Kirche, später seine Herkunft und seine Schule – und zum Schluss dann zwar nur noch sich selbst, aber immerhin. Das mit dem Abenteuerspielplatz nahm also eigentlich kein Wunder, doch letztlich hätten die Schwarzensteiner ihrem Gran-Maestro sicherlich auch noch ganz andere Dinge zur Verfügung gestellt.

Wichtig war im Moment jedoch vor allem, dass Abraham Grünspan sich sämtliche Unterlagen über die Schwarzensteiner Devisenreserven – sowie über die Ausgleichszahlungen an die Schwarzensteiner Bevölkerung im Rahmen seines Planes der negativen Einkommensteuer – mit in die Badewanne genommen hatte, um schließlich in aller Ruhe sowie in der Wärme und Sanftheit der Wassers über eben diesen ausführlich zu brüten. Und dabei gleichsam wie ein Vogel in seinem Wassernest schließlich ein goldenes Ei auszubrüten.

Grünspan hatte – wie alle Beteiligten – selbstverständlich bereits zu dem Zeitpunkt seinen Hauptwohnsitz nach Schwarzenstein verlegt, als klar war, dass es mit der Staatengründung klappen würde. Doch während Staatspräsident Alain le Cocq-Bleue noch in der alten Villa residierte, die man überall „das weiße Haus" nannte, weil sie bei jedem Schneesturm, den es hier oben ja sehr oft gab, sofort von zwei Seiten vollständig weiß getüncht wurde, hatte Grünspan sich bereits dieses neue komfortable Chalet errichten lassen. Denn wenn der Staatspräsident in einer Villa residierte, konnte der Notenbankpräsident sich ja schließlich nicht mit einer Hundehütte begnügen. Und Geld war schließlich auch genug da.

Doch war das wirklich so? Grünspan raschelte mit dem Papier, so dass man den Springbrunnen, der am Fußteil der Wanne gerade 39 Grad heißes italienisches Mineralwasser in die Wanne plätschern ließ, überhaupt nicht mehr hören konnte. Natürlich war genug Geld da. Und solange der Alpina eine derartige Erfolgsgeschichte an den Tag legte, wie dies im Moment der Fall war, gab es auch keinerlei Probleme. Allerdings schlugen die Repräsentationsausgaben des neuen Staates mittlerweile doch recht deutlich zu Buche. Schließlich hatte Alain le Cocq-Bleue bereits in Berlin, London, Paris, Zürich und Rom Botschaften aufgebaut, die, schaute man auf die Rechnungen, allesamt nicht bescheidener eingerichtet sein durften als der Dogenpalast in Venedig. Und überdies sicherlich kaum weniger Personal beschäftigten, als in diesem in seinen besten Zeiten anzutreffen war.

Und da gleichzeitig die Zinsen an den internationalen Weltmärkten im Zuge der großen Hausse immer weiter in den Keller gerutscht waren, könnte sich hier natürlich in der Zukunft irgendwann einmal ganz langsam eine Schere öffnen. Im Moment natürlich noch nicht, doch vielleicht dann, wenn der Wind sich einmal deutlicher drehen würde. Doch eigentlich mochte Abraham Grünspan derartige Gedanken ganz und gar nicht, weshalb er jetzt auch zur Zerstreuung und Motivation nach der Pressemappe griff, die sein Büro extra nur für ihn mit den Stellungnahmen der internationalen Finanzpresse zur Situation in Schwarzenstein im Allgemeinen sowie der Performance des Alpina und des Grünspan-Planes im Besonderen zusammengestellt hatte.

Schlagartig hellte sich jetzt seine Laune wieder auf. Denn die Überschriften lauteten von „Grünspan – der Magier" bis zu „Der Altmeister hat es wieder einmal allen gezeigt". In der Tat: Das Lob der Weltpresse war einhellig. Die Finanzmärkte lagen Grünspan, lagen Schwarzenstein und lagen dem Alpina zu Füßen. Das war gut so, und das erfüllte Grünspan mit einem unverkennbaren, wenn auch nur selten völlig offen gezeigten Stolz.

Doch der alte Mann dachte natürlich bereits weiter. Denn irgendwann einmal würden auch die jungen Spunde der Finanzmärkte ... – aber glücklicherweise war es ja noch nicht so weit. Und Notenbankbilanzen zeichneten sich ja sowieso stets durch ihren sphinxhaften Charakter aus. Oder, um es auf einen einfachen Nenner zu bringen: Notenbankbilanzen sind letztlich nicht viel anders als Bouletten. Irgendwie kann man sie immer so leidlich schmackhaft machen, doch was genau in ihnen drin ist, das wird niemand jemals so genau herausfinden können. Keine Gefahr also von dieser Seite.

Und trotzdem, warum sich so bescheiden? Abraham Grünspan ließ nun das in die Wanne hineinlaufende italienische Mineralwasser mit einem feinen Chardonnay von der Soave mischen und nahm sich aus der Obstschale eine ganze Weinrebe, deren Trauben er anschließend ganz langsam und Stück für Stück mit dem Mund vom Strang abknabberte. Warum nicht einfach das Nützliche mit dem Angenehmen verbinden? Das Nützliche, durch noch bessere Erträge aus der Anlage der Devisenreserven einen Deckungsstock aufzubauen, und das Angenehme, auf seine alten Tage noch einmal richtig als „Big Player" an den Märkten zu agieren.

Grünspan griff zu dem Buch, welches auf dem noch nicht bearbeiteten Aktenstapel neben der Wanne lag und das den wunderbaren Titel trug: „Wie Sie Ihr Geld in vier Jahren verdoppeln". Vier Jahre sind natürlich eine lange Zeit, sinnierte er. Doch sogleich richtete er sich ein wenig auf, stellte den Schalter des Springbrunnens von der Mineralwasser-Chardonnay-Mischung auf russischen Wodka um und ließ sich wieder genüsslich nach hinten gleiten. Dann schloss er die Augen und träumte ein paar Minuten von den unendlichen Weiten der russischen Landschaft, von der ihm seine alte Freundin Ayn Rand früher immer vorgeschwärmt hatte.

Wie schön wäre es doch, so sagte ihm dieser Traum, wenn wir in dieser ansonsten so unperfekten Welt tatsächlich das Wahre vom Falschen stets mit der gleichen apodiktischen Sicherheit unterscheiden könnten wie Ayn Rand. Wenn wir, ohne die Erfahrung zu befragen, alleine aus unserem Verstand ableiten könnten, welches Maß an Eigennutz und welches Niveau an Kollektivem für eine Gesellschaft jeweils effizient sind. Doch dies war zweifellos nicht der Moment zum Träumen und schon gar nicht einer, um sich in melancholischen Gedanken sowohl an eine göttlich-gerechte Welt als auch an eine göttlich-selbstgerechte Frau zu ergehen.

Wieder auf dem Boden der Tatsachen angekommen, raffte sich Grünspan denn auch relativ schnell wieder auf, stellte den Springbrunnen ab und fischte das wasserdichte Handy aus dem mittlerweile doch recht trüb gewordenen

Wasser heraus. Er wählte sich in eine Konferenzschaltung mit Staatspräsident Alain le Cocq-Bleue und Finanzminister Alexander von Schulenburg hinein und bat beide, doch kurzfristig bei ihm einmal vorbeizuschauen. Alexander von Schulenburg, der schon ahnte, um welches Thema es nun gehen würde, sagte sofort zu. Alain le Cocq-Bleue hingegen hatte noch eine Rückfrage: „Was? Sollen wir tatsächlich in die Badewanne kommen?“

„Nein, keine Angst“, entgegnete Grünspan. „Ich komme nach unten in die Bibliothek.“

Alain le Cocq-Bleue und Alexander von Schulenburg saßen bereits bei einer Tasse Tee, welche die Haushälterin von Abraham Grünspan gerade frisch aufgebrüht hatte, als der Hausherr in seinem herrschaftlichen Bademantel die Treppe hinunterschritt. Er setzte sich auf seinen angestammten Stuhl und kam, wie es so seine Sache war, gleich auf den Punkt: „Wir müssen unser Erfolgsmodell sichern“, sagte er mit großem Nachdruck. „Die Devisenzuflüsse sind außerordentlich zufrieden stellend und letztlich der Beweis für die Tauglichkeit unseres Modells. Und trotzdem sind wir gezwungen, unsere Währungsreserven profitabler anzulegen.“

Dann schaute er zu Alexander von Schulenburg hinüber und sagte: „Ich glaube, jetzt müssen wir doch Plan B aktivieren.“

Alexander von Schulenburg schaute Grünspan an und fragte zurück: „Die Niedrigzinsphase?“

„Genau, die Niedrigzinsphase“, entgegnete der Notenbankpräsident, dem man allerdings sein Amt in dem augenblicklichen Aufzug in keiner Weise ansah. „Bei einer Umlaufrendite von 7,5 Prozent am langen Ende hätten wir locker den größten Juliusturm aller Zeiten aufbauen können. Doch jetzt, wo wir unter fünf Prozent zu fallen drohen, könnte es knapp werden, wenn der Wind einmal dreht. Und außerdem: Soll sich eine Notenbank denn wirklich in jedem Fall anders verhalten als alle anderen Menschen und Unternehmen im Wirtschaftsleben?"

Anschließend blickte er ein wenig missmutig zu Alain le Cocq-Bleue herüber und fuhr fort: „Und dann auch noch deine Botschaften, mein lieber Alain. Ich kann wirklich nur sagen: Ach, du meine Güte. Dagegen sind die Steuersubventionen, die wir an unsere Bürger zahlen, fast vernachlässigbare Größen im Budget." Alain le Cocq-Bleue war sich natürlich keiner Schuld bewusst. Denn um erfolgreich repräsentieren zu können, so führte er an, brauche man eben Repräsentanzen. Und um diplomatisch tätig zu werden, brauche man Diplomaten. „Und bei all dem", so ergänzte er noch, „kann ich mit zweitklassiger Ware keine erstklassige Arbeit verrichten."

Hier hatte er natürlich durchaus Recht, sein Erfolg war wirklich einmalig. Denn immer wieder schaffte er es, alle Streitigkeiten hinter verschlossenen Türen zu regeln. Niemals konnte man davon etwas in der Presse lesen. Und dies war sicherlich kein unerheblicher Faktor hinsichtlich des Gesamterfolgs des Schwarzensteiner Modells. Selbst dem mächtigsten Mann der hiesigen Hemisphäre, Abraham Grünspan, blieb daher letztlich keine andere Wahl: Die Kosten konnten anscheinend nicht gesenkt werden, also mussten die Erträge gesteigert werden. Auch Abraham Grünspan, dessen Initialen „AG" merkwürdigerweise exakt dem Synonym für „Aktiengesellschaft" entsprachen, befand sich hier prinzipiell in keiner anderen Situation als jeder andere Vorstandsvorsitzende auch.

Hatte hier das Schicksal vielleicht sogar ein Zeichen gesandt? Aber nein, so weit brauchte man überhaupt nicht zu denken, denn schließlich hatte man ja vorgesorgt. Denn das zentrale Element dieses Vorsorgeplanes lautete: Wer A sagt, muss auch B sagen. Und das bedeutete konkret – wer

Geld hat, muss auch Aktien haben. Grünspan war natürlich kein naiver Zeitgenosse und wusste daher nur zu genau, dass Aktien eigentlich immer nur steigen können und dass folglich auch jeder Rückschlag an den Aktienmärkten immer und auf jeden Fall eine gute Kaufgelegenheit darstellt.

Eine gute Notenbank, so dozierte der gute Abraham denn auch sofort, sollte sich generell nicht anders verhalten als jedes andere Unternehmen auch. Denn nur Spinner und weltfremde Theoretiker, so Grünspan weiter, würden behaupten, dass eine Notenbank letztlich etwas völlig Besonderes sei. Im „nationalen" Interesse oder aus sonst welchen anderen Gründen. „Nein", wandte Grünspan vielmehr wörtlich ein, „auch bei uns ist es nicht anders als bei General Motors. Und hier gilt: What is good for General Motors is good for the United States. Wir müssen genauso unsere Gewinne maximieren wie die anderen Unternehmen auch. Und da alle anderen innovativen Unternehmen mittlerweile Aktien besitzen, warum also nicht auch wir? Schließlich müssen wir uns doch den verstaubten Praktiken der anderen Notenbanken nicht unbedingt anschließen."

Und dann fügte er noch einen Satz hinzu, der Alexander von Schulenburg allerdings verdächtig bekannt vorkam: „Wir müssen uns nicht nach den Gesetzen des Marktes richten, sondern wir müssen vielmehr umgekehrt den Märkten unsere Gesetze vorschreiben!"

„Bravo!", entgegnete Alain le Cocq-Bleue daraufhin sofort, wohingegen Alexander von Schulenburgs Reaktion deutlich verhaltener ausfiel. Denn das ganze Modell Schwarzenstein war ja letztlich sein Baby, seine Schöpfung, sein Geisteswerk. Doch wenn nicht alles täuschte, dann schien ihm dieses Baby nunmehr über den Kopf zu wachsen. Könnte es vielleicht sogar seinerseits ebenfalls ein kleiner Zauberlehrling werden, der sich nunmehr anschickte, die Kontrolle über den Zauberbesen zu verlieren? Und würde Abraham Grünspan dann tatsächlich in der Lage sein, die Schleusen, die er nunmehr öffnen wollte, überhaupt noch kontrollieren zu können?

Es waren Fragen über Fragen, die Alexander von Schulenburg jetzt im Kopf herumgingen: Der Turbokapitalismus ist mittlerweile ja bereits überall Realität. Muss man daher nun auch noch einen Turbo für den Aktienmarkt und das Geld zünden? Den Turbo selbst noch mit einem Turbo ausstatten? Wohin sollte denn das alles noch führen? Hatte der Plan Schwarzenstein nicht bisher auch ohne Plan B wunderbar funktioniert? Und reichte das nicht alles völlig aus?

Aber nein, wahrscheinlich war es auch hier wieder dieses fast unmerkliche kurze Klack-klack, welches Alexander von Schulenburg in diesem Moment ganz weit im Hintergrund und ganz tief unten bei den Müttern zu spüren vermeinte. Denn letztlich ging es doch auch hier immer nur um das eine: Klack-klack, Zack-zack, Hopp-auf – und fertig. Immer mehr, immer weiter, immer größer und vor allem immer schneller. Zack-zack, Hopp-auf – und fertig. Immer nur Klack-klack, und schon ist die Entscheidung gefallen. Mehr nicht. Nur Klack-klack, und das ist schon alles. Und ab zur nächsten Nummer.

Abraham Grünspan redete also dem Turbo-Turbokapitalismus das Wort. Da hatten sie es bisher so erfolgreich geschafft, aus dem Nichts einen riesigen Haufen Geld zu zaubern, doch nun sollte nicht einmal das genug sein? Jetzt sollte auch dieser Haufen noch auf dem Spieltisch platziert werden. Andererseits war Abraham Grünspan natürlich ein ausgewiesener Fachmann, an dessen Lippen die gesamte Welt der Finanzmärkte hing. Und sollte Alexander von Schulenburg, der natürlich ganz genau wusste, dass ein Finanzminister einem Notenbankpräsidenten gegenüber niemals die Befehlsgewalt hatte, sich gegen diesen Trend stemmen? Er, der kleine Alex, allein gegen die Eroberung der ganzen Welt?

Nein, das ging sicherlich nicht, das war ihm klar. Und letztlich war Alexander von Schulenburg ja auch sehr zufrieden damit, diesen hervorragenden Fachmann, den, wie die Amerikaner immer sagten, besten seiner Generation, erfolgreich für sein Modell geworben zu haben. Aus diesem Grunde stellte er fortan auch seine Bedenken zunächst in den Hintergrund. Denn wenn es wirklich einmal darauf ankommen würde, so versuchte sich Alex einzureden, dann zählen Grünspans klarer Verstand und sein ungeheures Renommee sicherlich deutlich mehr als sein eigenes eher diffuses Gefühl.

Doch wie immer mit den ausgeblendeten Rückseiten: Je mehr man sie in den Hintergrund zurückdrängt, umso deutlicher schieben sie sich wieder nach vorn. Hier gibt es nämlich keinerlei Unterschied zwischen der Psychologie und einem Wetterhäuschen. Je weiter sich der Schönwettermann in sein Haus verzieht, umso weiter marschiert der Schlechtwettermann nach vorn. Auch wenn der dadurch angezeigte Wetterumschwung manchmal durchaus noch einige Zeit auf sich warten lässt.

11. Der Plan B

Woher jedoch einen Rückschlag am Aktienmarkt nehmen, wenn nicht stehlen? Das war jetzt die große Frage, die sogar noch ein Stückchen weiterging: Denn wenn man ihn anscheinend schon stehlen musste, dann sollte man doch wenigstens wissen, woher. Warum das alles so wichtig war? Weil Grünspans Plan, seine ganze Theorie und vielleicht sogar sein gesamtes Wesen auf einem großen Apriori beruhten, welches da lautete: Kaufe nur dann, wenn es auch billig ist.

Aus welchen Quellen Grünspan diese Weisheit bezog, konnte niemand so recht sagen, denn modern war diese Auffassung sicherlich nicht zu nennen, da moderne Börsianer eigentlich niemals gegen den Trend handeln, sondern vielmehr immer erst dann kaufen, wenn die Kurse in schwindelerregender Geschwindigkeit in die Höhe schießen. Vielleicht war dieses Apriori also ein Stück Altersweisheit oder ein Erfahrungsschatz, was natürlich einen deutlichen Widerspruch zur Bedeutung des Wortes „Apriori" ergeben hätte. Doch gerade das wäre dann wiederum sehr modern gewesen, womit diese These sich letztlich also als die plausibelste aller Interpretationsmöglichkeiten darstellt.

Erneut versagen wir uns hier also einer tiefenpsychologischen Deutung. Grundsätzlich bestand natürlich auch die Möglichkeit, dass Grünspan diese Erkenntnis aus Ayn Rands Objektivismus abgeleitet hat, wobei dann plötzlich der Begriff „Apriori" wieder seine ursprüngliche Bedeutung erlangen würde. Denn diese Variante hätte damit plötzlich den typischen Ayn-Rand-Vorteil besessen, apodiktisch wahr zu sein, was Grünspans Anlagestrategie natürlich noch mehr Sicherheit würde verleihen können. Doch mittlerweile waren Grünspans Gedanken an seine alte Freundin Ayn Rand ja von einem entzückenden Wesen namens Veronika durchaus heftig überlagert worden, um es einmal vorsichtig auszudrücken.

Zu steigenden Kursen in den Markt zu gehen hielt Grünspan, auch dieses Wort ist für die Börsengeschichtsschreibung überliefert, aus diesen Gründen für einen „irrationalen Überschwang". Zusammen mit der berüchtigten Papierserviette und dem Grünspan-Modell gab es nun also bereits ein Triumvirat an Indizien, die als Meilensteine gelten konnten, den Historikern später einmal die Fährte zu dieser unglaublichen Geschichte der dreifachen Art zu weisen. Doch momentan war es ja noch nicht so weit, denn momentan hatte die Schwarzensteiner Nationalbank ja noch nicht eine einzige Aktie gekauft.

Doch diese Phase der Weltgeschichte sollte nun ihr Ende finden. Zusammen mit dem schon genannten Apriori waren es insgesamt drei Punkte, auf die Grünspan hinsichtlich der Ausführung von Plan B ganz besonderen Wert legte: Diskretion, Diskretion und nicht zu steigenden Kursen kaufen.

Und so stand die kleine Bergrepublik Schwarzenstein mit ihrer kleinen, aber feinen Schwarzensteiner Nationalbank in diesen Tagen kurz vor einer Revolution der Weltfinanzen. Doch keinem der Beteiligten war damals bereits das Ausmaß dieses Dammbruches auch nur annähernd bewusst. Von den Unbeteiligten ganz zu schweigen. Natürlich hatten auch die asiatischen Notenbanken den internationalen Status quo schon einmal erfolgreich unterlaufen. Doch das, was die Schwarzensteiner jetzt anstießen, sollte sich in Hinsicht auf seine Folgen tatsächlich mit nichts mehr vergleichen lassen.

In nicht ferner Zukunft würde Onkel Abraham also die

große Kanne in die Hand nehmen und ordentlich Öl in das Feuer gießen. Und das nicht zu knapp. Was zunächst einmal jedoch noch eine andere Schwierigkeit heraufbeschwor: Denn vorher musste man das Feuer zumindest insoweit einrüsten, dass niemand die unmittelbar bevorstehende Stichflamme würde sehen können. Und das ging natürlich nicht ohne Verbündete, was Abraham Grünspan und seine Mitstreiter nur allzu gut antizipieren konnten. So suchte man denn auch mit allem Hochdruck nach einem geeigneten Partner, der diese Transaktionen ebenso dezent wie erfolgreich für die Schwarzensteiner abwickeln konnte.

Doch wer glaubt, hierbei würde es sich nur um die ganz normale Verschwiegenheitspflicht wie bei einer Firmenübernahme handeln, der irrt freilich. Denn während bei einer Firmenübernahme nur im Vorhinein eine absolute Vertraulichkeit vereinbart ist, so muss im Fall Schwarzenstein die Vertraulichkeitspflicht natürlich bis zu dem Zeitpunkt gelten, an dem die Aktien schließlich wieder verkauft werden. Manchmal, aber nur manchmal, lieber Abraham Grünspan, ist es eben doch etwas ganz Besonderes, ein Notenbanker zu sein.

Schwarzenstein brauchte also einerseits einen Rückschlag am Aktienmarkt und andererseits jemanden, der dabei alle Schweinereien mitmachte. Der die Anleger erst auf die falsche Fährte lockte und hinterher darüber schweigen konnte wie ein Grab. Aus diesem Grunde blieben für diesen Selektionsmechanismus also fast nur noch die großen US-amerikanischen Investmentbanken übrig. Einer aus Grünspans Stab hatte zwar gefragt: „Und was ist mit den deutschen Investmentbanken?“ Doch Grünspan hatte daraufhin nur abwertend geantwortet: „Dilettanten. Seht doch nur den Neuen Markt in Frankfurt. Natürlich kann man die Anleger betrügen. Doch dabei eine derart offene Flanke zu bieten ist nun wirklich unprofessionell. Dagegen in Amerika: Hat hier schon jemand etwas von Schadenersatzansprüchen bei Börseneinführungen gehört? Nein, nein, die machen das schon viel, viel cleverer."

Die Entscheidung war also prinzipiell gefallen. Woher genau bekam man nun jedoch noch den Rückschlag am Aktienmarkt? Grünspan hatte hier das Modell des „Dumping and pumping" im Auge. Auf diese Idee war er gekommen, als er einige Tage zuvor abends in der Badewanne in einem Buch über seinen Lieblingsschauspieler Peter Sellers geblättert hatte, der ja alle seine Rollen nicht nur gespielt, sondern wahrlich gelebt hat. Und hier war ihm eine kleine Passage aufgefallen, in der Sellers seinen hintergründigen und gegen die normale Denkrichtung gerichteten Humor in ganz besonders treffender Weise ausgedrückt hatte.

„Können wir nicht", hatte Sellers der Überlieferung nach einmal einen seiner Regisseure gefragt, „die ganze Szene einfach andersherum drehen?" Das ließ nun natürlich einerseits jede Menge Interpretationsspielraum, war andererseits jedoch an Eindeutigkeit nicht mehr zu übertreffen. Und genau so, dachte sich Grünspan, müssten es eben auch die Schwarzensteiner machen. Nicht das ordinäre Modell des „Pumping and dumping", mit dem die Investmentbanken in Europa normalerweise die Anleger über ihren Leisten ziehen, indem sie einen Aktienkurs erst aufpumpen, um anschließend dann ihre eigenen Stücke zu entsprechend hohen Preisen bei den Anlegern abzuladen.

Nein, man musste die Szene vielmehr genau andersherum drehen. Schließlich war man ja nicht an einem kurzfristigen Erfolg orientiert, sondern wollte sich langfristig günstige Einstiegskurse schaffen. Und deswegen musste man natürlich sehen, dass man zuerst die Papiere auf den Markt warf und erst nachher anfing, die Aktienkurse richtig aufzublasen. Das würde natürlich ein wenig Geld kosten, doch letztlich machte das in Anbetracht der Summen, um die es insgesamt ging, freilich fast nichts aus. Denn wenn man an etwas in Schwarzenstein keinen Mangel hatte, dann war es das Geld.

Man musste also – während gerade weit, weit, in ganz anderen Sphären, und doch so nah, ein nur undeutliches Klack-klack zu vernehmen war –, um einmal einen bildlichen Vergleich zu bringen, das Kaninchen dazu bringen, die Schlange derart gebannt anzuschauen, dass diese wenigstens kurzzeitig einmal den Schwanz einkneifen würde. So denn Schlangen überhaupt den Schwanz einkneifen können. Doch warum sollte der Gran-Maestro nicht auch hier ein Wunder bewirken können.

Als man dann jedoch mit dem ersten dieser riesigen weltweit orientierten und weltbestimmenden US-Investmenthäuser, mit der Firma Morning! Stanley, in konkrete Verhandlungen trat, ließ der erste Streit nicht lange auf sich warten. Und man konnte den Zorn von Grünspan und Konsorten natürlich durchaus verstehen. Denn wenn man schon eine ganze eigene Nation als Kunden hat, dann dürfen selbstverständlich die eigenen Analysten nicht mit irgendwelchen Kaufempfehlungen dazwischenfunken: „So etwas begreift doch selbst der Küchenjunge in der Kantine von Morning! Stanley“, erregte sich denn Grünspan auch und schüttelte sein weises Haupt. „Man könnte tatsächlich auf die Idee kommen, die Analysten der großen Investmentbanken wären unabhängige Geister. Doch nichts auf dieser Welt ist wohl lächerlicher. Also: Für wie dumm halten die uns eigentlich?“

Das hatte im Übrigen auch Alexander von Schulenburg schon lange vor der Realisierung des Projekts Schwarzenstein zu seinem Freund Bernhard von Mandelwindel gesagt. „Bernhard“, hatte er damals gesagt, „Bernhard, glaubst du wirklich, die Analysten und überhaupt jeder, dass jeder seinen eigenen Kopf hat, Bernhard? Heutzutage Bernhard? Heutzutage jemand noch seinen eigenen Kopf, Bernhard? Das ist doch in der Tat absurd. Das ist ein absurdes Theater." Die Chefs von Morning! Stanley hatten also wohl wirklich nur ihre eigenen Leute nicht richtig im Griff.

Und mit so einem Partner konnte man natürlich nicht konstruktiv zusammenarbeiten, weshalb Grünspan und die anderen Schwarzensteiner Entscheidungsträger auch postwendend die Notbremse zogen. So musste man schließlich zwar den Garantiesatz in Höhe von einem Prozent der eigenen Währungsreserven bezahlen, was Grünspan zunächst einmal noch größere Sorgenfalten auf die Stirn trieb, doch letztlich erkaufte man damit auf jeden Fall die absolute Verschwiegenheit auch für die Zukunft. Alles hat also seinen Preis, doch wenigstens in dieser Hinsicht funktionieren die Märkte anscheinend auch in der Wirklichkeit ebenso perfekt wie im Lehrbuch.

Schließlich fiel die Wahl dann auf eine internationale Konkurrenz von Morning! Stanley, und zwar auf das Investmenthaus Goldbuck. Hier entstand schließlich in Windeseile eine Verbindung von Milliardär zu Milliardär, deren Glück das Glück jeder Fernsehehe deutlich in den Schatten gestellt hätte. Allerdings nur, wenn jemand darüber geplaudert hätte, was allerdings nicht der Fall war. Denn niemand verstand sich tatsächlich besser darauf, die Kurse in den Keller zu reden, als Goldbuck. Und Goldbuck hatte sich für diese Aufgabe, die ihm Honorare in Milliardenhöhe einbringen würde, eine wahrhaft teuflische Strategie ausgedacht.

Alles begann damit, dass man einen der renommiertesten Fondsmanager mit seinem Fonds einen Total-Ausverkauf der Technologiewerte veranstalten ließ. Auf jeden Fall lancierte man eine derartige Meldung und erzielte damit in der Öffentlichkeit den gewünschten Eindruck, als ob hier tatsächlich heftig verkauft wurde. Und da die Märkte in diesem glorreichen Kommunikationszeitalter alle Informationen sowie das, was sich zwar Information nennt, in Wirklichkeit jedoch keine ist, in Lichtgeschwindigkeit in alle Teile dieser Welt verbreiten, lösten Goldbucks Maßnahmen ein Heidenchaos an den Märkten aus. Heerscharen von Journalisten wurden daraufhin ins Internet geschickt, um Gründe für diese Maßnahme des Hauses Goldbuck herauszubekommen. Denn es war doch wirklich unverständlich, wie jemand die Binsenweisheit der Neuen Zeit, dass Aktien letztlich nur noch steigen können, derart mit Füßen treten konnte.

Und da alle Journalisten im Netz außer ihrem eigenen Staunen sonst nichts mehr finden konnten, fingen sie an, gegenseitig voneinander abzuschreiben. Doch wenn auch der Nachbar nichts weiß, ist so eine Strategie natürlich eher kontraproduktiv, wie wir das ja alle bereits aus der Schule kennen. Die Finanzmärkte spielten also wieder einmal „Stille Post“. Und wie bei jeder anderen Spielrunde dieses begnadeten Spiels, so kam auch hier letztlich natürlich nur Unsinn heraus. Doch das ist ja das Teuflische, dass die wirkliche Katastrophe immer dann passiert, wenn eigentlich nichts passiert und berechtigte Warnungen stets in den Wind geschrieben werden. Die Aktienmärkte gingen also heftig in die Knie. Und die Kurse der Technologiewerte, die vorher am stärksten gestiegen waren, taten dies am intensivsten.

Die Goldbuck-Manager hatten also ihre gesamte Menschenkenntnis in die Waagschale geworfen und dabei sogar die Erinnerungen an ihre eigene Schulzeit nicht unberücksichtigt gelassen. Was für schlaue Burschen. Und währenddessen hielten die Schwarzensteiner die Hand auf. Oder, um es korrekter zu sagen, eigentlich hielten sie beide Hände auf: Denn in die eine purzelten die Aktien, die von den panisch gewordenen Anlegern nun ziemlich wahllos auf den Markt geworfen wurden, und mit der anderen lockten die Schwarzensteiner immer weitere Lemminge an ihre gut gefüllten Devisentöpfe.

Wobei die Schwarzensteiner es als großen Vorteil für sich verbuchen konnten, dass sie – je länger dieses Spielchen dauerte und je mehr der Anleger, die sich vorher über die Halskrause mit Papieren voll gesogen hatten, nun vom Panikvirus infiziert wurden – für jedes Bündel Geld, welches sie der Meute zum Fraß vorwarfen, eine ständig größer werdende Anzahl von Aktien erhielten. „So macht doch das Anlagegeschäft richtiggehend Spaß", jubelte Abraham Grünspan denn auch, als er sich hinter verschlossenen Türen und ausschließlich im Kreis von Eingeweihten wähnte. „Alles andere ist doch wirklich nicht mehr als ein Stochern im Dunkeln. Warum also nicht einfach das Licht anmachen?!", triumphierte er und tanzte dabei wie wild von einem Bein auf das andere durch den Raum, so dass man direkt den Eindruck haben konnte, hier das Rumpelstilzchen des New-Economy-Zeitalters vor sich zu haben. Und vielleicht war dieser Eindruck ja auch gar nicht so fürchterlich falsch.

Hinterher musste Goldbuck die Krise natürlich wieder bereinigen. Doch auch dies gelang in so exzellenter und marktkonformer Weise, dass man nur noch den Hut davor ziehen konnte. Diesmal bediente man sich jedoch keines Peter Sellers', sondern vielmehr eines Schachzuges der Politik. Dies war die vielfach auch „Ceteris-paribus-Strategie" genannte Verfahrensweise, die folgendermaßen aussah: Wenn eine unangenehme Situation eingetreten ist, die für die Augen der Öffentlichkeit unbedingt zu beseitigen ist, dann muss man durchaus nicht zum Äußersten gehen.

Nein, es reicht vielmehr, einen Minister zu entlassen, denn dann kann in der Regel alles andere unverändert bleiben.

Der Fondsmanager wurde also postwendend entlassen. Der arme Kerl. Aber so war das eben mit der Stallregie, wie Alexander von Schulenburg dies ja bereits ebenfalls kennen gelernt hatte. Dass der jetzt ins Unglück gestürzte Goldbuck-Manager zu diesem Zeitpunkt bereits einem neuen ausschweifenden Leben in den Schwarzensteiner Grandhotels frönte und sich fortan neben dem Skifahren, dem Golfspielen und dem sonstigen geselligen Leben nur noch etwa eine Stunde täglich der privaten Geldanlage widmete, das, na ja, das musste ja nun wirklich nicht unbedingt publik werden. Zwar klingen die Worte „Politik" und „publik" durchaus ähnlich, weisen jedoch ansonsten keinerlei weitere Gemeinsamkeiten auf. Weshalb über diese Ausschweifungen natürlich auch niemals berichtet wurde.

Plan B ist rückblickend als eine der erfolgreichsten Operationen in der langen Geschichte der internationalen Finanzmarktkriege zu bezeichnen. Und es gab vielleicht nur einen Event, der diesen noch schlagen konnte. Das war im Herbst 1998, als Grünspans Beinahe-Namensvetter in den USA erst in allerletzter Sekunde einen Haufen verschrobener US-Akademiker und Nobelpreisträger davon abbringen konnte, durch ihren unbeirrbaren Glauben an die Richtigkeit der eigenen Theorien das gesamte Weltfinanzsystem in die Luft zu jagen. Insgesamt mutete diese Situation damit an, als ob der Schatten von Ayn Rand doch noch einmal, wenn auch kurzzeitig, so doch nicht weniger leibhaftig, dem Grab des Objektivismus entstiegen wäre. Und da sage niemand mehr, dass Fundamentalismus und Wahn stets nur im Dunstkreis von Religionen vorkommen würden.

Doch Schwamm drüber! Und das sogar im wahrsten

Sinne des Wortes. Denn hinterher musste Grünspans Beinahe-Namensvetter natürlich sofort den großen Wischeimer holen und wieder alles fein aufwischen, um die ganze Liquidität, mit der er das Feuer gelöscht hatte, wieder in den Eimer zurückzubringen. Was hinsichtlich des Falles Schwarzenstein sich jedoch völlig anders darstellte. Denn im Zuge der Realisation von Plan B, den man treffender auch „Wüstensturm II“ hätte nennen können, hatten die Schwarzensteiner es recht bald geschafft, etwa die Hälfte ihrer Währungsreserven, die insgesamt mittlerweile fast ein Viertel aller weltweiten Devisenreserven ausmachten, zu deutlich gesunkenen Kursen an den internationalen Aktienmärkten zu platzieren. Und da gab es nun wirklich nichts zum Aufwischen.

Der Republik Schwarzenstein gehörten damit bereits im ersten Jahr nach ihrer Gründung große Teile des internationalen Aktienvermögens und somit auch ein signifikanter Anteil am gesamten Produktivvermögen der Welt. Und nur die Historiker werden später einmal tatsächlich in angemessener Weise über den Plan B urteilen können: War es ein Hasardspiel oder eher doch eine Hilfe für die Spekulanten in großer Not? Auf jeden Fall gibt es nur eine einzige Sünde auf dieser Welt, die niemals und in keinem Fall bestraft wird, und das ist das Hasardspiel mit der Moral. Schließlich ist das ja mittlerweile bereits zum Normalfall geworden. Denn nicht nur in der Notenbankpolitik gehört es bereits seit langem zum Pflichtprogramm, die Großen in Notzeiten stets von neuem aus allen möglichen Kalamitäten herauszuboxen. Insofern steht Schwarzenstein also ganz gewiss auf Seiten des Guten und des Richtigen.

Dass sie die Krise allerdings selbst angezettelt hatten? Nun gut, man sollte den Maßstab natürlich auch nicht zu hoch anlegen. Denn welche historische Tat kann man schon als durchweg nur gut bezeichnen? Und stellt es in der heutigen Zeit nicht schon eine Innovation dar, wenn eine Tat überhaupt einige positive Aspekte für sich verbuchen kann? Oder, etwas philosophischer gesprochen: Ist durch das Gute nicht generell auch gleichzeitig sofort das Schlechte in die Welt gesetzt? Kann das Gute überhaupt ohne das Schlechte existieren? Man sieht also, dass derartige defätistische Überlegungen letztlich überhaupt nichts bringen. Denn Ehrenmänner sind Ehrenmänner, und wer würde schon öffentlich daran zweifeln?

Zudem: Dass die rigorose Befolgung des Eigeninteresses letztlich auch die Wohlfahrt der Allgemeinheit maximiert, das hatte ja bereits Adam Smith sehr umfangreich bewiesen. Und die Finanzmärkte sind nun einmal freie Märkte. Sie sind frei, um – gleichsam wie ein Puffer – mit ihren Schwankungen alle Erschütterungen vom Rest der Welt fern zu halten. Hätte deshalb also die Politik maßregelnd eingegriffen ... um Gottes willen, das Ende wäre sicherlich kaum absehbar gewesen. Denn die Big Players brauchen die Politik nicht. Zumindest dann nicht, wenn es ihnen gut geht. Da kann die Politik sich ruhig trollen. Doch wenn es dann einmal einem der Großen schlecht geht? Na, dann muss halt irgendjemand, egal ob Regierung oder Notenbank, einfach eben einmal etwas Geld vorbeischicken.

Wie gut also, dass in Schwarzenstein hieran auf jeden Fall kein Mangel herrschte. Denn so ersparte man sich nicht nur vielfältige politische Debatten und Diskussionen, nein, man konnte die dadurch gesparte Zeit auch sogleich wunderbar in das eigene Reichwerden investieren. Und so wurde denn aus der kurzen Baisse gleich wieder eine neue und ungebrochene Hausse. Die V-Theorie des Marktes hatte sich also gegenüber der U-Theorie und der L-Theorie erfolgreich durchgesetzt. Dank Plan B.

Diese Theorien stellten denn auch den ganzen Stolz des

akademischen Denkens in dieser Zeit dar. Und zwar nicht nur hinsichtlich der Konjunkturerklärung, sondern vielmehr als universelle Theorie. Und niemand hegte Zweifel daran, dass die wegweisende Arbeit zu diesem Thema, nämlich der bahnbrechende Aufsatz „V wins against U and L“ eines jungen US-Ökonomen, im folgenden Jahr mit dem Nobelpreis für Wirtschaftswissenschaften ausgezeichnet werden würde. Vielleicht musste er sich diesen Preis zwar mit einem ebenfalls noch jungen europäischen Wissenschaftler teilen, der über die Korrelation von Thoerieausbildung und Kindergärten geforscht hatte. Doch der grundsätzliche Ruhm war ihm auch so schon jetzt sicher.

Ganz im Unterschied natürlich zur Wahrnehmung derer, die hinter den Kulissen agierten. Denn hier hatte das Investmenthaus Goldbuck mittlerweile einen so genannten „Chinese Wall“ errichtet, der sich dadurch auszeichnete, dass man – wie bei einer gewissen Sorte von Spiegel – von der einen Seite nichts sehen, von der anderen jedoch wie durch Glas hindurchschauen konnte. Das brachte zwar wenig Ruhm, dafür jedoch umso mehr Geld. Und da Goldbuck dies im Gegensatz zu den Schwarzensteinern nicht selbst drucken konnte, musste man hier wenigstens diskret sein.

Die Informationsverteilung der Weltbörsen hatte damit ihre eigene Asymmetrie maximiert – und es war etwas entstanden, was die Wirtschaftswissenschaftler gemeinhin als „Ecklösung“ bezeichnen. Und das bedeutet: Was die einen wussten, das machte die anderen nicht heiß – und alles das, was diese nicht wussten, goss weiteres Öl in die Flammen, an denen die ersten sich die Hände wärmten. Und nicht einmal ahnen tat jemand etwas. Jedenfalls dann nicht, wenn er nicht unmittelbar von hoch oben vom Berge stammte.

Selbst die seriöse internationale Finanzpresse erging

sich daher in den Sprechblasen und Plattitüden, die seit dieser Zeit aus keiner Börsenberichterstattung mehr wegzudenken sind. Denn sobald die Kurse der Aktien wieder einmal um 10 Prozent an einem Tag gestiegen waren, in Ausnahmefällen jedoch manchmal auch 20, 30 oder 50 Prozent, fand man am darauf folgenden Tag stets dieselben Textbausteine wieder, die dieses Geschehen dem Leser – wie anscheinend auch dem Schreiber – verständlich machen sollten.

Hier konnte man also stets von neuem lesen: „Die Gewinnperspektiven haben sich verbessert“ oder „Die Liquiditätszuflüsse bei den Aktienfonds schnellen in die Höhe“, wo doch jeder aufrechte Schwarzensteiner sich vor Erstaunen nur noch auf die Schenkel klopfen konnte. Und somit hatte diese große Hausse natürlich auch ihren ganz speziellen Wermutstropfen aufzuweisen, denn was ist schon der größte Berg an Geld wert, wenn man deshalb nicht einmal mehr in Ruhe und Naivität die Zeitung lesen kann?

Doch eines zeigte sich an diesem ernüchternden Befund mit aller Klarheit: Der alte und mittlerweile leider bereits verblichene Börsianer, der immer gesagt hatte, dass nicht die Nachrichten die Kurse, sondern vielmehr die Aktienkurse die Nachrichten machen, hatte vollkommen Recht gehabt. Es gab nämlich schlichtweg nur einen einzigen Grund für die sich gerade abspulende Jahrhunderthausse in Aktien. Doch nur ein ganz kleiner Kreis sorgsam ausgewählter Personen kannte diesen Grund. Und der gesamte Rest tappte völlig im Dunkeln, wusste überhaupt nichts und war daher gezwungen, sich jeder Tag aufs Neue die skurrilsten Erklärungen aus den Fingern zu saugen.

Der größte Vermögensbesitzer der Welt schichtete sein Vermögen um, und alle Medien der Welt berichteten vom Marktgeschehen, als ob es sich dabei um einen Kindergeburtstag handeln würde. Und nicht nur hoch oben in der dünnen Bergluft muss man sich daher fragen, ob dies wohl eher die Regel oder die Ausnahme darstellt. Doch hinter den Spiegeln ist jede Wahrheit sowieso seitenverkehrt.

Egal also, ob vor der Trennscheibe oder dahinter, ob vor dem Nichts, aus dem Nichts oder durch das Nichts: Die weltweite Hausse wurde ab sofort einzig und allein von dem Treibstoff getrieben, der hoch oben auf dem Zauberberg in schier unerschöpflichen Quantitäten hergestellt werden konnte. Der Alpina wurde damit zum Netz, mit dem die Schwarzensteiner Nationalbank die Ersparnisse der ganzen Welt abfing, jedoch nur, um sie sogleich in lukrative Aktienkursgewinne zu recyceln.

Natürlich bekam Schwarzenstein dadurch mit der Zeit heftigen Ärger mit den USA. Schließlich lebten die USA ebenfalls bereits seit langer Zeit von den Ersparnissen der Welt, ja benötigten diese dringend, um ihr eigenes Wirtschaftsmodell vor dem Scheitern zu retten. Doch da es nun leider nur eine einzige Welt gibt, können natürlich auch alle Ersparnisse dieser Welt nur einmal aufgesogen werden. Es gab zwar verschiedene Mechanismen, doch auch dies verhinderte nicht, dass diese nunmehr in direkte Konkurrenz zueinander getreten waren.

Auf der einen Seite war da der amerikanische Weg über den Konsum, der höher ausfällt als das, was man produziert – also gleichsam ein „Über-die-Verhältnisse-Leben", welches sich letztlich stets in ausufernden Handelsbilanzdefiziten niederschlägt. Und auf der anderen Seite gab es den Schwarzensteiner Weg, der nicht über den Einkommenskreislauf, sondern vielmehr über die Vermögensmärkte lief und folglich in einem – den Devisenimporten gegenüberstehenden – Dienstleistungsexport plus Kapitalimport resultierte.

Doch diese Konkurrenzmodelle änderten wie gesagt

grundsätzlich nichts am folgenden Befund: Man kann das eigene Modell zwar trefflich international bewerben, doch letztlich kann immer nur einer die Ersparnisse der anderen abzocken. Schwarzenstein befand sich also ab sofort in Rivalität zu den USA. Und dies selbstverständlich ohne eigene Schuld und eigenes Zutun. Schließlich hatte man sich doch zu hundert Prozent marktwirtschaftlich verhalten. Als diese Rivalität nun immer stärker wurde, entschloss man sich schließlich zu einem Gipfeltreffen, welches einige Tage später im viel zitierten „Naphta-Akkord" seinen Abschluss fand.

Schwarzenstein kam hierbei sehr glimpflich davon, denn mit seiner unschlagbaren Gerissenheit des Lebemannes auf großem Fuße hatte Alain le Cocq-Bleue aus einer befreundeten kleinen Republik in der südlichen Hemisphäre illegale, aber echte Schildkrötensuppe in rauen Mengen nach Schwarzenstein „importieren" oder – ehrlich gesagt – schmuggeln lassen. Wozu hatte man denn schließlich seinen Geheimdienst. Und genau diese Schildkrötensuppe entpuppte sich schließlich als Zünglein an der Waage, die dringend benötigte gute Laune zu bescheren und damit einen für alle Seiten verträglichen Kompromiss herzustellen.

Man löste die Sache also genau so, wie man gemeinhin die Sachen in der internationalen Finanzdiplomatie löste. Und die verspeisten Schildkröten konnten sich immerhin zugute halten, die Einzigen ihrer aussterbenden Art gewesen zu sein, die letztlich nicht umsonst gestorben waren. Wozu ist auch so ein Schildkrötenleben im Normalfall schon gut? Höchstens doch dazu, ein bisschen Nahrung zu vertilgen und ansonsten jedoch nur das Wasser zu trüben. Ganz anders hingegen hier, denn hier vollendete sich ein Schildkrötenleben in Perfektion und trug keineswegs zur Vernebelung bei: Denn ganz plötzlich war vielmehr alles geklärt.

Und natürlich ließen die Schwarzensteiner Macher ihre eigene Bevölkerung nicht ganz im Dunkeln über das, was sie mit ihren ganzen Aktionen letztlich im Schilde führten. Wobei natürlich keineswegs die Schildkrötensuppe, sondern in erster Linie die Aktienkäufe gemeint waren. Ja, der eine oder andere Tipp war schon weit, sehr weit, durchgesickert Was ja auch durchaus nicht ohne Absicht geschah.

12. Bauernschläue

Mittlerweile hatte es in Schwarzenstein eine wunderbare und nicht minder bedeutsame Hochzeit gegeben. Denn nichts konnte schließlich die Begeisterung der Menschen besser entfesseln als eine Geschichte mit richtig viel Herz. Wenn es also keine Liebe gewesen sein sollte, dann war es pure Absicht. Eine Inszenierung zum Zwecke des Guten, auch wenn es damit des Guten bereits fast schon wieder zu viel ist.

Auf jeden Fall behielt Veronika Valetta ihren alten Namen bei und hatte überdies sicherlich ihren Anteil an einigen gezielten Indiskretionen, die – neben den segensreichen Wirkungen des Grünspan-Modells – der Bevölkerung Schwarzensteins ein wenig Spaß und Freude bereiten sollten. Jetzt saß sie jedenfalls wie immer am Mittwoch Abend im hinteren Raum des „Stübli" im alten Dorfzentrum, direkt unterhalb des Zauberberges. Doch das mit dem Zauberberg, das wissen wir ja bereits, war natürlich nur eine Konvention, deren Wirklichkeitsbezug jedoch sicherlich nicht unbedingt einen höheren Grad aufwies, als dies gemeinhin bei anderen Konventionen der Fall war.

Der Philosoph hätte in diesem Zusammenhang vielleicht noch geantwortet, dass der Name sowieso niemals mit dem Benannten identisch ist. Doch erstens waren Bergbauern keine Philosophen, und zweitens hatte dies natürlich alles wirklich nichts mit Zauberei zu tun. Nein, dies stellte vielmehr schlichtweg harte Ratio dar. Was natürlich auch Veronika Valetta wusste, die ja selbst auch keine Philosophin, sondern einerseits schon immer Hotelbesitzerin war und andererseits seit kurzem zusätzlich das Amt der „Zweiten Dame" im Staate bekleidete.

Und umso wichtiger, so hatte Grünspan seiner neuen Frau gesagt, stellte es sich daher dar, die alten Stammtischgewohnheiten auch jetzt noch beizubehalten. Denn nur wer wusste, was sein Volk dachte, der konnte sich auch in die Situation hineinfühlen, was dieses alles nicht wusste.

Doch natürlich war nicht nur unten im alten Dorfkern die Freude groß. Auch das Hotel zum Zauberberg machte sich prächtig wie niemals zuvor in seiner langen Geschichte. Plötzlich war es nämlich nicht nur in der Hochsaison ausgebucht, sondern vielfach auch in der Nebensaison. Und selbst das ansonsten so unangenehme, weil kostspielige „Januarloch“ zeichnete sich ab sofort stets durch einen hohen Buchungsstand aus. Dabei hatte man im Vergleich zu anderen Skiorten in den Nachbarländern – abgesehen vom „Versatile crawling peg“ – keinerlei effektive Preiszugeständnisse machen müssen.

Der Boom der Gründungsfeierlichkeiten hatte also angehalten und wurde nun durch einen erfreulichen Substitutionsprozess begleitet. Denn während zuerst die Neugiertouristen deutlich in der Überzahl zu sein schienen, so nährte man sich nun wieder von der Schar der ganz normalen Touristen, wenn auch diese wiederum neuerdings durch eine andere Gruppe von Reisenden ersetzt wurde – nämlich diejenigen mit den dicken Taschen und prallen Koffern, voll gestopft mit Geld, um es hier oben endlich in völliger Freiheit gewinnbringend anlegen zu können.

Hier unten im „Stübli“ war man deswegen auch ganz besonders froh, endlich einmal so richtig unter sich zu sein. Denn das bedeutete, den Touristenslang wenigstens für ein paar Stunden ablegen und endlich wieder so reden zu können, wie einem der Schnabel gewachsen war. Ja, es war schon eine tolle Sache, dass die Verantwortlichen in Schwarzenstein ihren Bürgern die wichtigsten geplanten

Veränderungen bereits im Vorhinein gesteckt hatten. Doch dies geschah nicht nur aufgrund des karitativen Charakters dieser Maßnahme, sondern war gleichzeitig auch Reflex der völlig neuen Insiderreglung, die am Finanzplatz Schwarzenstein seit kurzem Gesetz geworden war. Eine weitere kleine Revolution made in Schwarzenstein.

Hierzu hatte man sich im Vorfeld der Staatengründung sehr intensiv mit dem Geschehen an den Finanzplätzen New York und Frankfurt auseinander gesetzt und war schließlich nach langer Diskussion zu folgendem Ergebnis gekommen: Das, was New York machte, konnte man nicht nachmachen. Ein derartiges Niveau an Anlegerschutz zu gewährleisten hätte schlichtweg die Kapazitäten der Schwarzensteiner Administration bei weitem überfordert. Und das, was Frankfurt machte, das wollte man nicht nachmachen. Denn tatsächlich jedem Betrüger einen Freifahrtsschein zu gewähren und Insiderhandel, Frontrunning und Scalping ganz nach Belieben jedem und in jeglicher Form zu gestatten, das konnte nur dann realisiert werden, wenn die eigene Bevölkerung die Autoritäten sowieso schon für durchgängig korrupt hielt. Doch einem neuen Finanzplatz ohne schwarze Geschichte versagte sich eine derartige Strategie natürlich bereits per definitionem. Und das, obwohl man Schwarzenstein hieß.

Und so wurde dann auch entschieden, jegliches Insiderwissen dadurch zu nivellieren, dass man alle Schwarzensteiner zu Insidern machte. Denn wenn alle letztlich das Gleiche wissen, dann ist ein Insiderwissen natürlich kein Insiderwissen mehr – und niemand kann folglich mehr einen Vorteil daraus ziehen. Auch hier hatte es ein kleines Land natürlich wesentlich einfacher als ein großes Land. Doch Schwarzenstein ging sehr verantwortlich mit dieser Macht um und produzierte auch hier eine hundertprozentig marktwirtschaftliche Lösung: Alle Insiderkenntnisse wurden über den Markt verteilt und dementsprechend effizient alloziiert.

So hatten sich denn auch am entscheidenden Abend nach dem Beschluss von Plan B nahezu alle Hoteliers und Bergbauern, Letztere weitgehend frisch vom Feld kommend in ihren dicken Gummistiefeln, im Stübli unten im alten Ortskern – wie weiland in der Kirche – versammelt, um die frohe Botschaft in sich aufzunehmen. Ein paar Monate später sah dann allerdings alles schon ein bisschen anders aus. Doch so war das eben hier oben in den Bergen.

Erster Bauer: „Mein Schwager, der wo in Deutschland lebt, hat bei uns sein ganzes Sparbuch geplündert und das Geld mitgebracht."

Zweiter Bauer: „Und was hat er hier mit dem Geld gemacht?"

Erster Bauer: „Na in den Alpina gewechselt, was sonst. Von wegen der Sicherheit."

Dritter Bauer: „Na, das ist ja noch gar nichts. Mein Onkel aus Österreich hat dazu extra einen Kredit in Yen aufgenommen. Das machen dort alle ..."

Zweiter Bauer: „... Yen?"

Dritter Bauer: „Ja, Yen. Die japanische Währung. Damit finanzieren die Österreicher alle den Bau ihrer Häuser."

Zweiter Bauer: „Was – in Yen?"

Dritter Bauer: „Ja, denn dabei sind die Zinsen so niedrig wie sonst nirgendwo auf der Welt. Denn normalerweise bezahlst du jetzt gut sieben Prozent für einen Hausbaukredit. Aber in Yen sind es höchstens zwei Prozent, wenn überhaupt so viel."

Zweiter Bauer: „Aber er will doch gar kein Haus bauen, oder?"

Erster Bauer: „Jetzt sei doch einmal ruhig und lass ihn erst fertig erzählen."

Dritter Bauer: „Genau, er will gar kein Haus bauen. Andere bauen damit Häuser, er aber nicht. Und trotzdem hat er einen Kredit in Yen aufgenommen. Das geht, weil auf dem Yen nicht draufsteht, dass man damit Häuser bauen muss. Denn ansonsten könnten ja auch die Japaner mit ihren Yen immer nur Häuser, jedoch niemals Sushis kaufen."

Zweiter Bauer: „Und keine Thunfische erlegen."

Dritter Bauer: „Aber Thunfische erlegt man doch nicht mit Yen. Thunfische werden mit Netzen gefangen und bringen hinterher Yen. Thunfische fangen und Thunfische kaufen, das ist doch etwas völlig Verschiedenes. Das ist jetzt andersherum gedacht."

Zweiter Bauer: „Andersherum?"

Erster Bauer: „Jetzt kommt doch endlich wieder zur Sache."

Dritter Bauer: „Also, er hat einen Kredit in Yen aufgenommen und von den Yen keine Thunfische, sondern Alpina gekauft. Und das zahlt sich nun gleich doppelt für ihn aus: Erstens zahlt er für den Kredit nur zwei Prozent, bekommt hier jedoch für seine Geldanlage fünf Prozent. Und dann verliert der Yen gegenüber dem Alpina fast täglich weiter an Wert."

Zweiter Bauer: „Also mir geht es auch ohne Yen-Kredit ganz hervorragend. Ich habe weniger Kühe im Stall als vor ein paar Jahren und verdiene trotzdem fast das Zweifache von dem, was ich vorher hatte. Und dir als Skiliftbetreiber muss das doch auch so gehen."

Erster Bauer: „Prinzipiell richtig. Es sind jetzt zwar immer mehr Gäste hier, es fahren jedoch immer weniger Ski. Deswegen ist die Liftauslastung natürlich deutlich nach unten gegangen. Und dennoch verdiene ich jetzt viel mehr als vorher. Denn früher musste ich Steuern bezahlen, jetzt jedoch bin ich es, der die Steuern gezahlt bekommt."

Dritter Bauer: „Wisst ihr eigentlich, was einzig wirklich schade ist? Dass wir mit dem ganzen Geld gar nicht richtig an der Börse spielen können. Obwohl man uns das doch mit dieser ‚Insiderstory' verkaufen wollte."

Zweiter Bauer: „Warum denn nicht? Ich mach das schon eine ganze Weile. Die Kurse gehen doch wunderbar in die Höhe."

Dritter Bauer: „Und, hast du denn bisher gewonnen?"

Zweiter Bauer: „Ja und nein."

Dritter Bauer: „Was heißt denn ‚ja und nein'? Ja oder nein?"

Zweiter Bauer: „Ja und nein. Denn immer, wenn ich von der Bank einen Auszug bekommen habe, dann zeigt dieser, dass die Kurse aller meiner Aktien gestiegen sind."

Erster Bauer: „Na bitte, das ist doch prima. Und wo ist jetzt das ‚Nein'?"

Zweiter Bauer: „Die Aktien sind zwar alle gestiegen, aber der Depotwert nicht. Ich verstehe das auch nicht."

Der dritte Bauer fasste sich an den Kopf und sagte, dem zweiten Bauer zugewandt: „Du Trottel, deswegen sage ich dir doch, dass wir nicht mit Aktien spekulieren können. Denn diese sind entweder in Euro oder in Dollar notiert. Doch gegen den Alpina fällt der Wechselkurs dieser Währungen ja beständig, so dass unter dem Strich für dich nichts mehr übrig bleibt."

Hatte die Schwarzensteiner Administration hier etwa einen Fehler gemacht? War hier etwa der Bauer klüger als der Meister? Nein, es war vielmehr so, dass auch das größte Erfolgsmodell auf dieser Welt stets seine Schattenseiten hat. Denn derjenige, der den größten Erfolg hat, muss natürlich zwangsläufig immer dann Einbußen erzielen, wenn er mit den Vermögen derjenigen jongliert, deren Außenwert sich nicht so erfolgreich darstellt.

Doch für so etwas gibt es natürlich stets Absicherungsstrategien. Währungsabsicherungen, die Grünspan und seine Mitarbeiter natürlich bei allen ihren Aktienoperationen eingegangen waren und die folglich auch einen integralen Bestandteil von Plan B darstellten. So etwas jedoch einem Bergvolk zu kommunizieren war sicherlich ähnlich schwierig wie beispielsweise den Deutschen eine Aktienkultur beizubringen. Eine Joghurtkultur war da schon viel einfacher zu begreifen und hatte überdies auch noch den Vorteil, letztlich nur einen deutlich geringeren Schaden anzurichten, wenn man sie dann einmal verschüttete.

In Wirklichkeit hatte der zweite Bauer jedoch ein völlig anderes Problem. Was daraus ersichtlich war, dass er nunmehr den dritten Bauern ziemlich herb am Schlafittchen zog und ihm ins Gesicht schrie: „Du sagst nicht ‚Trottel' zu mir! Du nicht!" Und um seine Selbsteinschätzung noch zu verstärken, holte der Bauer sogleich eine bunte Zeitschrift aus seiner Umhängetasche, auf deren Titel irgendetwas mit „Börse" stand. Er blätterte die Zeitung auf und hielt sie dem dritten Bauer direkt vor die Nase: „Hier, sieh dir das an! Von wegen Trottel!"

Der dritte Bauer stellte seinen Bierkrug zur Seite, nahm die Zeitschrift zur Hand, überflog kurz den Text und schüttelte nur noch mit dem Kopf: „Du hast es einfach nicht begriffen!"

Das jedoch linderte kaum, denn jetzt fühlte sich der zweite Bauer nur noch stärker angegriffen als zuvor. Denn in vielen vorausgegangenen Gesprächen hatte er durchaus Vertrauen in das Urteil des dritten Bauern gezeigt. Doch hier, hier hatte er es doch schwarz auf weiß, und im Übrigen war das genau das, was die da oben gesagt hatten. Oder sollte es diesmal wirklich anders sein? Der zweite Bauer schnäuzte sich kurz und sagte dann: „Vielleicht hast du ja Recht. Doch dann haben die das aber auch nicht begriffen.“ – „Das kann natürlich durchaus sein“, erwiderte der dritte Bauer.

Veronika Valetta hatte still und andächtig dieser Messe zugehört. Sie wusste natürlich nur zu gut, dass nicht sein konnte, was nicht sein durfte, und dass es keinesfalls der Wahrheit entsprach, was der dritte Bauer hier in den Raum gestellt hatte. Jedoch: Wohltaten zu gewähren war also anscheinend nicht immer einfach. Vor allem dann, wenn ... na ja, vielleicht würden die Deutschen in ihrem riesigen Land ja bald auch einmal ein Liedchen davon singen können, wie das ist, wenn eine Aktienkultur ... dachte Frau Valetta so bei sich. Doch so war das wohl immer mit den Neuen Zeiten: Immer wenn das Gerede von einer ganz Neuen Zeit losging, dann verstanden manche Leute anscheinend etwas ganz Zentrales völlig falsch – und schwups hatte diese Neue Zeit auch sofort ihre neuen Opfer.

Neue Zeiten sind also prinzipiell stets schwer zu erkennen. Denn immer dann, wenn überall von einer Neuen Zeit geredet wird, dann hat sich der Wurm der Zerstörung bereits so tief in eben diese hineingefressen, dass man dann, wenn man nicht sehr smart ist, überhaupt nicht mehr so richtig von der Neuen Zeit profitieren kann. Es ist also letztlich überall das Gleiche – auf den Märkten wie auf der Wiese: Immer gibt es ein Rädchen im Geschehen, das nicht so recht mitspielen will. Ist das eine Euter zu voll, dann ist das andere dagegen meistens zu leer. Dabei hätte man sich jetzt doch wirklich die ganze Plackerei mit den Tieren sparen können, wo sich das Geld doch eigentlich so einfach vermehren ließ, wenn man es nur richtig anstellte.

Vielleicht hatte der Philosoph Karl Popper also doch Recht, dass ein Staat sich jeweils nur auf die Beseitigung von Unglück konzentrieren, das Erreichen von Glück jedoch stets eine Privatsache lassen sollte. Andererseits stand hingegen gerade in der Verfassung des größten Konkurrenten von Schwarzenstein, nämlich in der der USA, dass jeder Bürger tatsächlich ein Recht auf Glück habe. Kam hier also erneut der Geist von Ayn Rand aus dem Grab des Objektivismus – drohend seinen Schatten über Schwarzenstein und die Seinen werfend?

13. Der Geist im Hintergrund

„Jetzt musst du mir aber endlich einmal ganz genau erzählen, was du gegenwärtig so machst." Alexander von Schulenburg war sehr froh, nach so langer Zeit wieder einmal mit seinem alten Freund Bernhard von Mandelwindel zusammenzusitzen. Eigentlich hatten sie ja die alte Tradition weiterführen und zu dieser Zeit wieder auf „ihrer" Insel in Thailand auf der Hotelterrasse am Meer sitzen wollen. Doch Alexander von Schulenburg war in diesen turbulenten Zeiten verständlicherweise unabkömmlich, weswegen sie sich nunmehr auch nicht auf der Insel, sondern „nur" in der Loggia des Hotels zum Zauberberg in Schwarzenstein getroffen hatten.

„Weißt du noch, wie alles angefangen hat?", versuchte Bernhard von Mandelwindel die alten Zeiten noch einmal zu beschwören. „Wie wir damals hier zum Skilaufen waren und du mir deine Idee mit der neuen, eigenen Republik erzählt hast?"

„Ich kann mich noch lebhaft an meinen damaligen Traum erinnern", entgegnete Alexander von Schulenburg und musste lachen. „Die Geschichte mit den Kaninchen. Und wie ich dann aus dem Bett gefallen bin." Doch sofort bekam Alexander von Schulenburg einen leicht spöttischen Gesichtsausdruck und fügte noch hinzu: „Ich hoffe bloß, dass dieser Traum nicht doch noch irgendwann Wirklichkeit wird."

Bernhard von Mandelwindel verstand diese Bemerkung nicht ganz. Was sollte denn das bedeuten, dass dieser Traum vielleicht doch noch Wirklichkeit werden konnte? Denn bisher, so hatte er den Eindruck, hatten die Schwarzensteiner doch ihre Kaninchen ganz wunderbar unter

Kontrolle. Und nicht nur diese. Er war mittlerweile sogar richtiggehend neidisch geworden, dass er an dieser Sache nicht mitgewirkt und sich stattdessen völlig auf sein Dasein als Privatier konzentriert hatte.

Natürlich war das stets ein Hochgenuss, herumzureisen und auf nichts achten zu müssen. Immer ein schönes Restaurant und oft bereits am Mittag eine Flasche schönen Rotwein. Vor allem, wenn man im Vergleich dazu bedachte, in welch enges Korsett das System Schwarzenstein alle Beteiligten – und hier ganz besonders seinen Erfinder – zwang. Und trotzdem: Mit Schwarzenstein hatte Alexander von Schulenburg jetzt etwas ganz Eigenes. So wie ein Junge seinen Teddy und eine Frau ihren Jodelkurs, eben etwas ganz für sich. Fast jedenfalls. Auf alle Fälle eine richtige Lebensaufgabe. Was man ja von Bernhard von Mandelwindel nicht unbedingt sagen konnte.

Vielleicht repräsentierte diese Angst vor der Realität des Kaninchentraums auch nur die – nun schon oft angesprochene – zweite Seite von Alexander von Schulenburgs Persönlichkeit, dachte Bernhard von Mandelwindel jetzt, obwohl ihm derartig komplizierte Gedankengänge eigentlich eher zuwider waren. Diese zweite Seite, die vielleicht schon eine ganze Weile in den Hintergrund gedrückt wurde, sich nicht ausleben konnte und daher nunmehr mit umso größerer Macht ihrem Besitzer auf die Seele drückte. Doch Bernhard von Mandelwindel war kein Psychologe und schon gar kein Anthropologe, weshalb er sich mit diesem ersten Gedanken auch bereits zufrieden gab und weder weiter fragen noch weiter forschen wollte.

Dabei hatte Bernhard von Mandelwindel möglicherweise durchaus Recht. Die Wissenschaft hat sich nämlich dieses Themas bereits ausführlich angenommen. Und obwohl der Begriff „Enantiodromie“ bis in die frühe Zeit Heraklits zurückzuverfolgen ist, gibt es unter diesem Namen, der das plötzliche Umschlagen der Dinge in ihr Gegenteil bezeichnet, viele völlig neue Forschungsansätze, deren Modellen jedoch allen das Folgende gemeinsam war. Je mehr eine Sache sich auf ein Extrem zubewegt, umso größer wird auch die Wahrscheinlichkeit ihres Umkippens in das andere Extrem.

Doch was wäre dann mit dem Klack-klack, so muss der aufgeklärte Zeitgenosse an dieser Stelle natürlich sofort fragen? Plötzlich kein Hopp-auf – und fertig? Kein immer mehr, immer weiter, immer größer und vor allem immer schneller? Kein Zack-zack, Hopp-auf – und fertig? Kein immer nur Klack-klack, und schon ist die Entscheidung gefallen? Der mehr oder weniger große Haufen schwabbeliger grauer Masse schwingt sich plötzlich auf – und schießt seine Neuronen in eine völlig andere Richtung? Und dann macht es plötzlich dort klack-klack, wo man dies vorher niemals gedacht hätte?

Aber auch hierauf hatte die Globalisierung ja bereits die marktwirtschaftliche Antwort gegeben: Wer nicht die Zukunft wählt, der wählt zwangsläufig die Vergangenheit. Und wer nicht von vorn gezogen, sondern von hinten geschoben wird, der muss eben ausscheiden aus dem großen Spiel. Man muss alles nur ein wenig zurechtbiegen – und schon hat man den alten Darwin auf seiner Seite: Nur die Besten kommen durch, die anderen hingegen müssen scheitern – und zwar schnell. Und weil das alles so einfach ist, hatten die Schwarzensteiner natürlich nicht nur die ganz normalen Hightech-Aktien gekauft, sondern gerade den Bereich der Bio- und Gentechnologieaktien deutlich bevorzugt.

Wessen Idee das war? Es gab auf jeden Fall ausreichend Gerüchte, dass Alain le Cocq-Bleue sich dadurch auf dem richtigen Weg sah, einmal als erster Staatspräsident mit dreistelliger Alterszahl in das Guinness-Buch der Rekorde einzugehen. Und auch, dass Veronika Valetta sich schon oft darüber beschwert hatte, wie wenig wirksam doch eigentlich selbst die völlig neue Generation der Viagra-Pille war.

Auf jeden Fall, so viel war gewiss, wäre es sehr, sehr unwahrscheinlich, wenn die enormen Investitionen, die die Schwarzensteiner über den Aktienmarkt getätigt hatten, nicht erhebliche Auswirkungen auf den Lauf der Menscheitsgeschichte zeitigen würden. Denn nachdem das Human-Genome-Projekt der Kartierung der menschlichen Erbanlagen aufgezeigt hatte, wie wenig das Genom doch letztlich über das Geheimnis des Lebens verrät, musste natürlich sofort etwas Neues her. Und das konnte eigentlich nur ein – dank Schwarzensteiner Gelder privat finanzierbares – Proteomik-Projekt sein.

So wie das Genom sich nämlich aus der Gesamtanzahl unserer Gene zusammensetzt, ist das Proteom die Gesamtheit aller Proteine, die in einer Zelle erzeugt werden können – und die ebenso wie die Gene für die grundsätzliche Malaise des Menschen verantwortlich sein können. Genomik und Proteomik werden sich daher – Schwarzenstein sei Dank – zu einer kombinierten und komplementären Wissenschaft erweitern können. Oder aber, einfacher gesprochen: Nach den Enttäuschungen, die uns das Genom bereitet hat, wird nunmehr die Proteomik zum Zukunftsträger all dessen, was gemeinhin unter dem Begriff „Gentechnologie“ subsumiert wird.

Unsere Zukunft hat also plötzlich nicht mehr nur noch fünf Buchstaben wie G-E-N-O-M, sondern ab sofort zwei Buchstaben mehr: P-R-O-T-E-O-M. Die Komplexität hat sich damit also über Nacht deutlich erweitert, doch da das Geld nun fließt, wie weiland nur die Milch und der Honig, müsste es um die Zukunft eigentlich bestens bestellt sein. Nur in einen Apfel sollte jetzt besser niemand mehr so recht befreit hineinbeißen.

Die Schwarzensteiner wussten also wirklich in jeder Beziehung, was sie taten. Doch konnte man das Gleiche eigentlich auch von den speziellen Gurus am Aktienmarkt sagen, die ihrerseits ebenfalls völlig unschuldige und unwissende Anleger in Investments in die Gen- und Biotechnologie hineintrieben? Hätte hier nicht in vielen Fällen bereits ein einfacher Blick in den Spiegel genügt, um herauszubekommen, dass man selbst in diesem Kampf nach Perfektion nur schwerlich würde bestehen können?

Oder, um es einfacher auszudrücken: Ist es nicht fast schon eine Apologie kosmischen Ausmaßes, wenn plötzlich lauter fettbackige und picklige Aktiengurus weltweit Gen- und Biotechnologieaktien zum Kauf empfehlen? Denn wer würde schon ein Diätprodukt von einem Zwei-Zentner-Mann kaufen? Und wer sich ein Auto zulegen, welches bereits im nächsten Jahr technisch völlig überholt wäre? Doch vielleicht gehören derartige Rituale ja gerade zu den Selektionsmechanismen der Spaßgesellschaft: Der unperfekte Mensch schafft sich selbst aus der Welt – und schaut sich dabei auch noch freudestrahlend selber zu!

Im Grunde genommen wurde damit jedoch nur noch die Kirsche auf eine Torte gesetzt, an der man bereits seit Jahrhunderten gebacken hatte. Begonnen hatten diese Versuche nämlich bereits vor langer Zeit, als Descartes und einige seiner Zeitgenossen anfingen, den Menschen als Maschine, als Uhrwerk, zu begreifen. „Der Körper enthält nichts, was dem Geist zugerechnet werden kann", hatte Descartes gesagt, „und der Geist beinhaltet nichts, was zum Körper zugehörig wäre." Damit hatte das abendländische Denken seinen prägenden Stempel erhalten. Denn mit dem Geist war auch das Denken erfolgreich aus der körperlichen Welt der Naturwissenschaften ausgeschlossen, welche folglich nach rein mechanischen Prinzipien gedacht werden konnte – und musste.

Wie klar und übersichtlich. Alles eindeutig und objektiv erfassbar: Die ganze Welt kann plötzlich formal beschrieben werden, weil das, was sich dieser formalen Beschreibung entzieht, ab sofort nicht mehr zur Welt gehört. Nirgendwo also mehr ein störender Geist, der diese Ordnung in irgendeiner Weise behindern könnte. Die artesianische Trennung von Geist und Materie hat denn seitdem auch unschlagbare Rekorde erzielt und unser wissenschaftliches Menschenbild vollkommen geprägt – in der Philosophie, in der Psychologie, in der Anthropologie, in der Medizin und in der Ökonomie. Und nun sollte also tatsächlich bald auch noch das letzte „Missing Link" gefunden werden, der Neuronenschusskanal, der das Klack-klack schließlich zum finalen Klick würde transformieren können.

Denn welchen Stellenwelt kann das Denken haben – in einer Welt, die das Denken selbst zum Undenkbaren erklärt? So, wie auch der Homo oeconomicus, das Vernunftswesen der Wirtschaftswissenschaft, stets und immer nur die Vernunft derjenigen Wissenschaftler widerspiegelt, die ihn erfunden haben – niemals jedoch eine eigene oder gar autonome subjektive menschliche Vernunft! Oder der Homo psychologicus? Nachdem Freud von seinen Gegnern auf den Kreuzzügen des Objektivismus und der Naturwissenschaften endlich erfolgreich gemeuchelt wurde, hört man auch hier nur wieder das vertraute Klack-klack: Der Mensch, eine Stimulus-Response-Maschine. Zackzack, Hopp-auf – und fertig. Und die mehr oder weniger große schwabbelige graue Masse reproduziert, was sie immer schon repräsentiert hat: Das Klack-klack, das Zackzack und das Hopp-auf – und fertig.

Und dann der Gang zum Arzt, wo der Kranke ebenfalls die Autorität über die eigene Person bereits an der Garderobe abzugeben hat. Krankheit – plötzlich kein Problem mehr des Kranken, sondern delegiert an den Arzt. Zum allerseitigen Vorteil? Auf jeden Fall bringt ausschließlich das unsere Medizin wirklich weiter! Nicht nur Alexander von Schulenburg hätte an dieser Stelle also mit einigem Recht fragen können: Werden wir es mit dem Verbannen des Subjekts aus seiner Welt tatsächlich bald so weit treiben, dass wir eine Welt erzeugen, in der es wirklich keine Subjekte mehr gibt?

Der Mensch, der sich also schon seit langem erfolgreich aus seiner Welt hinausgedacht hat, schmeißt sich nun auch faktisch heraus: Aus dem Produktionsprozess hat er sich ja bereits weitgehend wegrationalisiert und im Dienstleistungsbereich ist er über diverse Standardisierungsverfahren ebenfalls schon weit fortgeschritten in seinem Drang. Und über die Vollendung der „80:20-Gesellschaft“ wird ihm auch der Rest noch gelingen. Denn immer weniger Menschen entscheiden jetzt für immer mehr, wo unser Weg schließlich hinführen wird. Aber auch sie sind letztlich dem Expertenwissen einer verschwindenden Minderheit mit Haut und Haaren rettungslos ausgeliefert.

Es war also durchaus legitim, auch weiterhin von Kaninchen zu träumen. Denn letztlich wird doch sowieso überall ungehindert in die Ecke gemacht. Und überdies befinden wir uns ja ohnehin nur in einer Übergangszeit: Unsere Vergangenheit und Gegenwart liegen klar und deutlich auf dem Tisch. Und das Ziel ist ebenso fest formuliert. Gestritten wird folglich nur noch darum, wie wir diese Zukunft am schnellsten und effizientesten erreichen können. Und hierin, also in der Verwirklichung dieses Zieles, haben uns gerade die Finanzmärkte nun wirklich einen deutlichen Schritt nach vorn gebracht.

14. Analystenkonferenz

Gerhard Kegel verbrachte seinen lang ersehnten Urlaub in den Bergen von Schwarzenstein. Da er keine eigene Familie besaß, hatte er sich mit einem Arbeitskollegen zum Skifahren verabredet. Das machte ihm zwar nicht so viel Freude wie ein Strandurlaub irgendwo auf der südlichen Halbkugel dieser wunderbaren Erde, hatte jedoch den unschätzbaren Vorteil, dass er mit seinen edlen Skiklamotten seinen dicken Bauch und nicht minder strammen Hintern viel besser verbergen konnte, als dies mit der besten Bademode der Welt am Strand möglich gewesen wäre.

Natürlich sprach man auch im Urlaub über den Beruf und über die Analystenzunft: „Meine Bank hat jetzt allen Fondsmanagern Anweisung erteilt", erzählte Gerhard seinem Freund Fred, als sie sich gerade im großen Selbstbedienungsrestaurant nahe dem Gipfel des Zauberberges hingesetzt hatten, „in sämtlichen von ihnen gemanagten Fonds Calls auf den Alpina als Anlage beizumischen."

„Ich finde es wirklich unerträglich", antwortete dieser daraufhin, „dass man uns stets für dämlich hält."

„Dämlich, wieso dämlich?", fragte Kegel zurück.

„Na, weil man uns nicht selbst entscheiden lässt. Weil man uns nicht zutraut, diese Sachverhalte selbst zu entscheiden."

„Und, wie ist deine Meinung über den Alpina?"

„Ach, sieht doch alles ganz okay aus. Das Essen schmeckt, die Toiletten sind sauber und auch der Ort unten macht eigentlich einen guten Eindruck. Ich denke, man kann den Alpina wirklich kaufen. Und das habe ich immerhin selbst entschieden – anhand der Tatsachen."

15. Die Schweine aus dem Tal

Abends überlegten Gerhard Kegel und sein Freund Fred wie alle anderen Touristen auch, in welches der vielen reizvollen Restaurants von Schwarzenstein sie gehen sollten. Doch egal, ob das Schwarzensteiner Nationalgericht „Schweinelendchen an Sauce Valetta“ im Hotel zum Zauberberg oder „Lachsfilet auf Gemüsejulienne“ im Schwarzensteiner Hof, ganz im Unterschied zu den Finanzmärkten, konnte sich in Hinsicht auf die Nahrungsmittel und den Umweltschutz selbst der Stärkste nicht vollkommen von den Weltmärkten abkoppeln. Was sicherlich eine weitere Bestätigung von Alexander von Schulenburgs These war, dass tatsächlich das Geld die Welt regiert und es folglich auch eine Markthierarchie der Dominanz der Finanz- über die Gütermärkte gibt.

Man hatte es zwar versucht, in Schwarzenstein Schweinefleisch ohne Antibiotikazusatz auf die Speisekarte zu bringen, doch die Gäste hatten dies häufig wieder zurückgehen lassen. Die Menschen aus dem Tal waren an den Geschmack frei lebender Schweine eben einfach nicht mehr gewöhnt und witterten daher durchaus Böses hinter diesem naturbelassenen Fleischgeschmack. Nicht anders stellte es sich auch bei den Lachsen, die ohne Bewegungsarmut und degenerierte Flossen aufgrund der Enge in den konventionellen Zuchtfarmen in den Schwarzensteiner Fischteichen großgezogen worden waren. Und trotz der erheblichen Transfers aufgrund der negativen Einkommensteuer konnten und wollten die Hoteliers natürlich nicht vollkommen auf die Restauranteinnahmen sowie das mit ihren Restaurants verbundene Prestige verzichten.

Also passte man sich an. Und das hieß: Auch die in

Schwarzenstein verzehrten Schweine waren weltmarkttaugliche Schweine. Obwohl das natürlich in einem gewissen Widerspruch zu den Schwarzensteiner Verfassungsprinzipien stand. Doch was sollte man machen? Wenn die Menschen es nicht wollten ... und das war doch nun wirklich das beste Beispiel für eine direkte Demokratie. Natürlich entpuppte sich diese Variante auch als die kostengünstigere, und zudem sparte man sich damit ebenfalls das Grunzen und das Stinken hier oben auf dem Berg. Man bezog fortan also – ganz analog zu Ricardos Theorie der komparativen Kosten – die Schweine von den Schweinen aus dem Tal.

Auch die in Schwarzenstein verspeisten Schweine gehorchten damit endlich den von den Ökonomen stets als so wichtig bezeichneten beiden Prinzipien, dem „Law of one taste“ und dem „Law of one price“. Das bedeutet, dass auf den Weltmärkten gehandelte Güter sich stets in Geschmack und Preis entsprechen müssen. Wie der Euro-Landwirtschaftsminister es in seiner Rede zum Jahrestag der Ökonomisierung der Viehzucht ganz exemplarisch ausgedrück hatte: „Ein Schwein ist ein Schwein ist ein Schwein.“

Auch die Schwarzensteiner Schweine wurden also gemäß der Weltmarktnorm gleich nach der Geburt ihren Müttern weggenommen und für ihr weiteres Leben präpariert. Und das bedeutete: Zuerst wurden – natürlich ohne kostensteigernde und die Weltmarktbedingungen verletzende Betäubung – die Zähne abgeschliffen, dann die Hoden abgeschnitten und anschließend der Schwanz kupiert. Und da nicht einmal dies in der Regel für ein gesundes Miteinander reichte, mussten zusätzlich noch regelmäßig die nahrhaften und überdies anscheinend sehr wohlschmeckenden Antibiotika gespritzt werden, die überdies auch den Vorteil aufwiesen, der früher oft in den Bergen verbreiteten Wintergrippe erfolgreich vorbeugen zu können.

Die Hühner entsprachen selbstverständlich ebenfalls der Weltmarktnorm und hatten durchweg aufgrund von Bewegungsmangel deformierte Beine, weil sie ein Leben lang auf Gitterstäben gehalten wurden. Ernährt wurden sie – wie im Weltmarktmaßstab üblich, also gemäß dem „Law of one price" und dem „Law of one taste" – vorwiegend von Industrieabfällen sowie dem Klärschlamm der jeweiligen lokalen Abwassergesellschaften. Wobei es hier jedoch aufgrund der unterschiedlichen Konsistenz menschlicher Exkremente durchaus so etwas wie „regionale Geschmacksnoten" gab, die in einem gewissen Widerspruch zum „Law of one taste" standen.

Bei der Schlachtung wurden die Hühner schließlich mit Elektroschocks betäubt und in ein unter Strom stehendes Wasserbad getaucht. Doch im Vergleich zu ihren keine Eier legenden männlichen Pendants hatten die Hühner wenigstens ein köstlich langes Leben. Denn Erstere wurden entsprechend den Weltmarktgesetzen in der Regel gleich nach dem Schlüpfen bei lebendigem Leibe im Fleischwolf entsorgt.

Auch Lachse gab es freilich reichlich in Schwarzenstein. Allerdings weniger in den Bächen, Seen und Fischteichen als in den Kühlhäusern, die sich immer randvoll gefüllt mit der frischesten Ware von den Weltmärkten zeigten. Diese Lachse stammten vorwiegend aus den großen Lachsfarmen der norwegischen Fjorde, in denen sie auf 100 Metern Länge und drei Metern Tiefe ein reges Sozialleben fristen konnten, welches jedoch nicht nur zu Verkrüppelungen der Flossen, sondern auch zu dauerhafter Drogenabhängigkeit führte. Doch gerade diese Lachs-Junkies waren auf den Weltmärkten rege gefragt. Allerdings nicht, bevor man nicht die Fahlheit des drogenverseuchten Fleisches durch Farbbeimischung im Futter dahingehend korrigiert hatte, dass sie das Fleisch nun wieder in wundervollem Rot erstrahlen ließ.

Pech hatten die Lachse nur in einer Hinsicht. Sie zeigten sich nämlich, wenn sie erst einmal dem Wasser entnommen waren, als derart zappelig, wie es der schlimmste Zappelphilipp niemals gewesen wäre, und wurden daher am Ende ihres glücklichen Lebens auf dem Fließband des Öfteren vom Betäubungsschlag nicht getroffen und somit bei lebendigem Leib gehäutet. Doch die Gilde der wirklichen Connaisseurs hat bestätigt, dass gerade dieser letzte Adrenalinstoß eines Lachses bei der Lebendhäutung das Fleisch noch viel aromatischer macht, als dies bei allen anderen Hinrichtungsformen der Fall ist. Weshalb auch erst diese Lachse letztlich geeignet sind, das Wohl und den Nutzen der Menschen wirklich maximieren zu können. Und genau darauf kommt es doch schließlich an im Leben.

Nicht gegessen wurden in Schwarzenstein freilich Affen. Denn schließlich lebten in Schwarzenstein ausschließlich ehrbare und moralisch einwandfreie Bürger. Und deswegen hatte man, als gemunkelt wurde, dass hier ein japanisches Spezialitätenrestaurant aufmachen sollte, auch sofort klar bekannt: Affen gehören nicht auf den Teller, sondern ein anständiger Affe gehört natürlich in die Anstalt für Tierversuche.

Leider hatte man dann jedoch den ziemlich behaarten fünfjährigen Sohn des Bergbauern Josephstatter einmal versehentlich in den Käfig zu den Affen gesperrt und anschließend mit der neuesten Variante der Creutzfeldt-Jakob-Krankheit infiziert. Doch derartige Missgeschicke blieben natürlich auch hier oben auf dem Berg letztlich Einzelfälle. Denn wo wäre die Menschheit schließlich auch hingekommen, wenn sie, als die Krone der Schöpfung, sich selbst in den Versuchskreislauf oder – horribile dictu – sogar in den Nahrungskreislauf hineinbegeben hätte?

Doch für Connaisseurs und Gourmets hatte Schwarzenstein noch einen weiteren Trumpf in der Hinterhand: Die Gänsestopfleber, die in den Dreisternerestaurants verfüttert wurde, produzierten die Schwarzensteiner nämlich nach einem althergebrachten Verfahren ausschließlich selbst. Und sie ist, glaubt man der internationalen Feinschmeckerszene, noch würziger und gehaltreicher, als dies bei den französischen Konkurrenzprodukten der Fall ist. Als sich nämlich abzuzeichnen begann, dass Schwarzenstein bald ganz oben in den weltweiten Gourmet-Guides zu finden sein würde, haben sich sofort findige Entrepreneure eines alten Verfahrens besonnen, welches man bereits im letzten Krieg angewendet hatte.

Und das funktioniert folgendermaßen: Bei der Herstellung normaler Gänsestopfleber laufen die Gänse tagsüber prinzipiell frei herum und werden nur zweimal am Tag mit jeweils einem Kilo Maismehl gestopft, so lange, bis ihre Leber kurz vor dem Platzen ist. Doch da das Herumlaufen der Leberverfettung durchaus entgegenwirkt, eine engere Haltung dieser Tiere – wie beispielsweise bei den Hühnern – aufgrund der natürlichen Aggressivität dieser Spezies nicht möglich ist, bediente man sich jetzt in Schwarzenstein wieder dieser alten Kriegstechnik.

Hierzu wird der Boden in den Gänseställen mit Holzbohlen durchzogen, auf denen man die Tiere schließlich – in einem gewissen Abstand voneinander – mit den Füßen festnagelt, was der Leber tatsächlich prächtig bekommt. Die Leber wird dadurch nämlich in einem Maße noch schneller noch fetter und noch aromatischer, dass man bereits allgemein in Feinschmeckerkreisen von einem großen Produktivitätswunder in Schwarzenstein spricht. Doch nicht nur die Produktivität springt dabei sprunghaft an, der Absatz lässt ebenfalls nicht zu wünschen übrig. Und allen Feinschmeckern im Umkreis von Tausenden von Kilometern läuft bereits das Wasser im Munde zusammen, wenn sie nur an die Holzbohlen von Schwarzenstein denken.

In Schwarzenstein befanden sich also, so weit man sehen konnte, zu dieser Zeit die Dinge in bester Ordnung: Kein Grund zur Sorge weit und breit, denn alles zeigte sich wohlgeordnet, weil jeder Mensch und jedes Tier wussten, wo ihr jeweiliger Platz im Leben und in der Welt zu finden war.

16. Zeitenwende

Im Grunde genommen war also bisher nichts Schlimmes passiert. Kein Donnerschlag, keine große Gereiztheit, keine große Konfusion und auch kein großer Stumpfsinn. Auf jeden Fall kein größerer Stumpfsinn, als dies normalerweise sowieso immer der Fall war. Es ist daher vielleicht auch nur die größere Sensibilität der Sinne in den Bergen, die einen hier oben zu einer – wenn auch nur marginal veränderten – differenzierteren Weltsicht gelangen lässt. Doch ist es nicht immer die letzte Schneeflocke, die schließlich die gesamte Lawine auslöst?

Auf jeden Fall hatte Alexander von Schulenburg einmal etwas herumgerechnet und herausbekommen, dass, wenn es richtig war, dass der Aktienmarkt im Schnitt jährlich um etwa zehn Prozent im Durchschnitt zulegt, er in den nächsten Jahren um etwa die Hälfte zurückfallen müsste, um dieses historische Mittel wieder zu erreichen.

In Schwarzenstein boomte die Konjunktur nach wie vor in fast asiatischen Kategorien. Die Finanzdienstleistungen kurbelten den Tourismus an und der Tourismus kurbelte die Finanzdienstleistungen an. Das Rad und der Dynamo trieben sich in einer Weise gegenseitig an, dass nahezu aus dem Nichts der Schnee im hellsten Lichte erstrahlte.

Ganz von oben vom Zauberberg konnte man jedoch bereits andere Dinge sehen: Im Flachland hatte diese poetische Ader nämlich bereits ihre ersten Schrammen erwischt. Die US-amerikanische Konjunktur, ganz weit über den Atlantik hinaus, fing definitiv an, sich abzukühlen. Und von hier oben vermeinte man auch diesseits bereits die ersten Wolkenschwaden auszumachen.

Doch selbst hier oben war das Wetter nicht an jedem

Tag schön, was allerdings die Sinne nur noch umso mehr zu schärfen schien. Denn niemals ist der Geist so auf sich selbst geworfen wie in jenen Tagen, an denen der Schnee in dicken Flocken vom Himmel fällt und man die Hand vor Augen kaum noch sehen kann. Ein selbstreflexives Klackklack also, welches seinen Gleichschritt dadurch verändert, dass es durch das eigene Echo aus dem alten Takt geworfen wird.

Was ist das für ein unsichtbarer Drang der Menschen, was für eine magnetische Anziehungskraft, welche ihn genau in dem Moment, in dem er auf diesem kalten Stern der Knappheit das Gröbste tatsächlich überwunden hat, noch einmal mit vollen Taschen an den Spieltisch zieht? Ist es denn nicht möglich, wenigstens einmal mit dem Erreichten zufrieden zu sein? Wozu denn nur, wenn man für sich und die folgenden Generationen ausgesorgt hat, noch einmal sämtliche Chips auf den Spieltisch platzieren?

Die Spekulanten sitzen in eleganter Montur an den Spieltischen und ahnen nichts von dem, was sich hinter dem Paravent verbirgt. Und zum vorletzten Mal lassen wir deshalb den Vorhang fallen. Die Welt ist nicht mehr zu erfassen, und wenn doch, dann nur noch in den einfachsten Kategorien. Und wer nicht die Kraft zur Flucht in die Einsamkeit besitzt, der wird unrettbar in den fatalen Strudel hineingezogen. Das Gefühl, dass dies alles nicht gut enden würde – man würde es jetzt bald mit den Händen fassen können.

Doch wie gesagt, kein Donnerschlag weit und breit. Und die Tage schwülstiger Erwartung, in denen eine wahre Streckfolter die Nerven anspannt, würden wohl noch eine ganze Weile entfernt in der Zukunft schlummern. Aber was ist das? Wohin verschlägt uns der Traum?

Zeitenwende – die Komplementarität von Altem und Neuem: Eine Gegenwart, in der das Neue noch nicht ohne das Alte, das Alte jedoch nicht mehr ohne das Neue zu denken ist. Alles fällt durcheinander und die Menschen befinden sich im Übergang zwischen zwei Glaubensgewissheiten, doch fühlen sich in keiner von beiden mehr vollständig zu Hause. Der Übergang ist immer zunächst eine Zeit der Krise und dann erst eine der Chancen. Heute ist dies richtig, morgen jenes, doch nichts ist mehr vollkommen richtig.

Kann man aber das Neue im Alten bereits heute erkennen? Auf jeden Fall kann das Werden neuer Strukturen selbst keine Struktur haben, weil anderweitig die Zeit schlichtweg aufhören würde weiterzulaufen – und die Zukunft folglich in das große Loch der Gegenwart und der Berechenbarkeit hineinstürzte. Nichts Neues unter der Sonne könnte es dann mehr geben, was wohl am besten verdeutlicht, dass die Zukunft niemals etwas anderes ist als ein Raten. Denn ein jedes Wissen müsste hierbei stets mehr wissen, als es jemals zu wissen in der Lage wäre.

Eines war jedoch auf jeden Fall klar: Der Weg nach oben ist immer etwas ganz Prächtiges. Weil die Masse jubelt und allenfalls ein paar Außenvorgebliebene sowie die ohnehin stets existierende Menge der unverdrossenen Pessimisten noch mault. Doch wenn es dann einmal abwärts gehen sollte, wer würde hier schon den Gürtel bereitwillig enger schnallen? Und so würde sich der Tag der Abrechnung in allen Volkswirtschaften unten im Tal nur noch weiter hinausschieben, womit jedoch die Sicherheit seines Eintreffens immer weiter anwuchs.

Die alte Gesundheitsversorgung würde zusammenbrechen. Die Rentenversorgung würde zusammenbrechen. Die gewohnt staatliche Versorgung ganz generell würde zusammenbrechen. Das Bevölkerungswachstum würde zusammenbrechen; und die Gerechtigkeit war ja bereits zusammengebrochen, so es sie denn überhaupt gegeben hat.

Wie jedoch würde das Gesamtsystem den Rückzug seiner sozialen Teilsysteme verkraften? Und wenn dann auch noch die Märkte zeitgleich und mit deutlich kräftigerer Vehemenz in dieselbe Kerbe schlagen? Ein Wirtschaftskreislauf heißt deshalb Wirtschaftskreislauf, weil er in jeder neuen Runde stets wieder mit dem eigenen Ergebnis gefüttert wird. Doch ist ein Gleichgewicht erst einmal zerstört, dann wird aus dem Kreislauf ein Spirallauf. Und die Übergänge zwischen der alten Ordnung und dem neuen Chaos bilden die dann noch so wenig vertrauten neuen Übergangsstellen heraus.

Doch wenn dann die ganze Bescherung erst in den offiziellen Daten ersichtlich sein würde – in einem abstürzenden Konsumentenvertrauen, in Überkapazitäten, in Unterinvestitionen und in einem fast schon einem Hilferuf gleichenden Angebot der Produzenten, ihnen die vollen Lager zu ermäßigten Preisen abzukaufen –, dann wäre es mit Sicherheit für vieles bereits zu spät.

Alexander von Schulenburg stapfte durch den Schnee, ließ die Bilder vor seinem inneren Auge Revue passieren und fragte sich fast im Geheimen: „Ist es das, was wir nun davon haben?“ Jetzt schneite es bereits den zweiten Tag in Folge und kein Laut drang mehr durch die Einsamkeit. Wo sind wir? Was ist das? Wohin verschlägt uns der Traum? Kein Gipfel ist mehr zu sehen, und das Ferne lockt ihn nicht mehr, da er schon das Nahe nicht mehr sehen kann. Vollständige Ruhe. Alles ist weiß. Lief er etwa im Kreise herum – oder, viel schlimmer noch, driftete der Weg vielleicht sogar völlig vom Ziel ab?

Gerade dann, wenn man nichts mehr sehen kann, wird das Gleichgewicht umso wichtiger. Denn ein Winterspaziergang im dichten Schneetreiben und ein Instrumentenflug sind durchaus miteinander verwandt. Letztlich ist es nämlich immer das Gleiche: Die Kräfte von der einen und die Kräfte von der anderen Seite müssen sich ausgleichen. Und fällt plötzlich eine von beiden ersatzlos weg, dann gerät der Passant ebenso ins Taumeln wie das Flugzeug oder der Markt. Ohne Erdanziehungskraft kämen wir sowieso niemals wieder in unsere Häuser zurück. Und wer sich nur auf die eine Seite lehnt, fällt rettungslos in den Schnee. Darum Vorsicht, wer die ganze Last nur auf eine Seite konzentriert.

17. Die High Society

Auf schlechtes Wetter ist immer noch gutes Wetter gefolgt. Und ähnlich wie beim Sonnenlicht, so erstrahlte auch der Glanz des Schwarzensteiner Wirtschaftsmodells immer noch in einer Intensität, die einem schon von weitem in den Augen brannte. Und dieses Licht wirkte gleichsam wie ein Magnet auf diejenigen, die sich selbst am liebsten im gleißenden Licht sonnten. Und so umschwirrten die Reichen und Schönen den Zauberberg, wie die Motten das Licht. Und sie alle, alle bewunderten dieses Modell mindestens im selben Maße, wie sie es nicht verstanden.

Für die Schwarzensteiner Verantwortlichen war dies natürlich im doppelten Sinne eine gute Nachricht. Denn nichts würde mehr Publicity verschaffen als die Publicity, die man ohnehin schon besaß. Da war beispielsweise dieser deutsche Autorennfahrer, der vom vielen Herumfahren im offenen Auto schon ein ganz windschiefes Gesicht hatte. Und genau dieser Rennfahrer mit dem windschiefen Gesicht wohnte nun schon bereits eine ganze Weile hier oben und spielte mittlerweile die zentrale Schlüsselrolle in der Schwarzensteiner High Society.

Im Kreis herumfahren konnte er hier allerdings nicht, weil es nämlich gar keine geeigneten Straßen gab, auf denen man hätte im Kreise herumfahren können. Und zudem sowieso das strengste Fahrverbot für alle Autos herrschte. Doch dieser Nachteil wurde natürlich durch viele Vorteile mehr als aufgewogen. Der Rennfahrer mit dem windschiefen Gesicht stammte nämlich aus Deutschland. Und da man in Deutschland relativ hohe Steuern zahlen musste und es in Monaco viel zu heiß war, hatte er seit dem fatalen Tag, als er diesen Artikel in der „Bild“-Zeitung gelesen hatte, Geifer im Gesicht. Das sah natürlich relativ unvorteilhaft aus und machte so auch die große Fotoserie, die gerade über ihn geplant war, völlig unmöglich.

Denn ein windschiefes Gesicht und eine dazu passende ähnlich windschnittige und enorm nach vorn vorschießende Kinnpartie allein waren ja beinahe noch zu ertragen gewesen. Doch der Geifer brachte im wahrsten Sinne des Wortes das Fass zum Überlaufen und konnte nun wirklich nicht mehr geduldet werden. Aber es war natürlich auch alles nur zu verständlich. Denn warum sollte man schließlich mehr Steuern zahlen, als man unter dem Druck einer vorgezogenen Pistole unbedingt musste. Beziehungsweise warum weniger bekommen, als man konnte.

Dem Rennfahrer mit dem windschiefen Gesicht reichte es nämlich prinzipiell, mit dem Auto im Kreis herumzufahren und von den Deutschen bejubelt zu werden. Doch darüber hinaus war nun wirklich jeder Dank fehl am Platze. Ausgebildet worden ist er nämlich nicht, weswegen es natürlich auch keinerlei moralische Verpflichtung gab, der Nation einmal etwas zurückzuzahlen. Denn mit der Moral und dem Charakter war es doch auch nicht anders als mit einem alten Vorkriegs-Ferrari: So etwas rappelte nur noch konkurrenzlos im Kreise herum und war für die Welt von heute eigentlich völlig ohne Nutzen.

Warum also in der schwülen und stickigen Luft am Mittelmeer wohnen, nur um sich vor einer Bezahlung zu drücken, wo man doch andererseits sogar selbst noch reich beschenkt werden konnte? Sprach es und hatte sofort seine Steuerberater, fünfundzwanzig an der Zahl, in die Spur geschickt, das Modell der negativen Einkommensteuer in Schwarzenstein auf Heller und Pfennig zu quantifizieren. Und das Ergebnis war schließlich so erfreulich ausgefallen, dass die schöne neue Villa in der klaren Bergluft sich bereits binnen kurzer Zeit selbst finanziert hatte. Und hoch oben in den Bergen hatte er eigentlich schon als kleiner Junge wohnen wollen. Allerdings lange vor der Zeit, in der er sich dazu entschieden hatte, sein Leben damit zu verbringen, mit dem Auto im Kreis herumzufahren. Und deshalb auch vor der Zeit, in der sein Gesicht windschief und sein Kinn aus dem Grunde der Windflucht hemmungslos nach vorn gewachsen war. Doch wer musste schließlich keinen Preis für seine Karriere bezahlen? Selbst wenn dieser nicht aus Steuern bestand.

Der Rennfahrer mit dem windschiefen Gesicht zog nun natürlich einige Prominenz im Schlepptau mit sich in diese luftigen Höhen. Eigentlich war es nur schade, dass dem Rennfahrer mit dem windschiefen Gesicht nicht gleichzeitig auch Frauenbrüste gewachsen waren, denn deren Herzeigen hätte den Medienrummel, für den die Schwarzensteiner Verantwortlichen wie gesagt überaus dankbar waren, noch deutlich vergrößert. Doch selbstverständlich hatte man von dieser Seite her auch noch etwas anderes in der Hinterhand.

Die Intelligenzler und Intellektuellen blieben allerdings den luftigen Höhen des Geldes fern. Was hätten sie auch mit einem negativen Steuersatz und mit der guten Luft anfangen können? Denn frische Luft taugte doch sowieso nur dazu, die Kollektion der eigenen Pelzmäntel vorzuführen. Was die Frau des Rennfahrers mit dem windschiefen Gesicht natürlich sehr freute. Den Rennfahrer selbst aber auch nicht minder, schließlich galt in ganz Schwarzenstein mittlerweile neben der negativen Einkommensteuer auch ein einheitlicher Mehrwertsteuersatz von minus 20 Prozent.

Den aufregendsten Pelzmantel im Ort trug folglich auch die Frau des Rennfahrers mit dem windschiefen Gesicht. Und dieser hatte es – im wahrsten Sinne des Wortes – tatsächlich in sich; es war ein wirklich starkes Teil. Denn nach dem letzten Farbattentat von unbekannter Seite unten im Tal hatte die Frau des Rennfahrers mit dem windschiefen Gesicht die nunmehr grünen Haare des rechten Ärmels wegrasieren lassen, was insofern einen hübschen Kontrast zum linken Ärmel ergab, denn in diesen war ein Ozelot eingearbeitet, der immer noch lebte. Weshalb die Haushälterin der Familie des Rennfahrers mit dem windschiefen Gesicht auch an jedem Abend jeweils einen Napf mit Wasser und einen mit Kraftfutter in den Kleiderschrank der Dame des Hauses stellen musste.

Aber auch ansonsten hatte sich mittlerweile ein aufregendes Publikum hier oben dicht unterhalb des Zauberberges versammelt. Wie zum Beispiel der Leiter der neuen Klinik, die man in Schwarzenstein hochgezogen hatte. Ein bunter Vogel, dieser Dottore, der als Mitarbeiter niemanden duldete, der besser war als er selbst, weshalb das Klinikpersonal sich letztlich ausschließlich aus Mitgliedern des Clubs der Päderastenopfer zusammensetzte. Doch gerade die Schönheitschirurgie ließ sich mit dieser Mannschaft natürlich in fast idealer Weise durchführen.

Zudem hatte diese Konstellation den angenehmen Nebeneffekt, dass man – nachdem man in Bezug auf die Tiere, die hier oben auf den Tisch kamen, schon dem Umwelt- und Artenschutz nicht frönen konnte – wenigstens durch die Klinik den natürlichen Nahrungskreislauf, der sich naturgemäß zwischenzeitlich schon aus dem Staube gemacht hatte, wenigstens ein Stück weit wieder zurükkholen konnte. Denn das Bauch- und Schenkelfett aus der schönheitschirurgischen Abteilung wanderte nach dem Abschneiden und Absaugen stets achtlos auf den Müll, weshalb Schwarzenstein auch zu den wenigen Orten unserer schönen Alpen gehört, in denen immer noch wild lebende Wölfe anzutreffen sind.

Und wenn in Schwarzenstein einmal beim Skifahren ein

Knochen brach, dann war dieser meistens sowieso schon so morsch, dass sich ein Zusammennageln doch nicht mehr lohnte. Dabei war man durchaus geschickt und kreativ in dieser Modell-Klinik. Denn gerade vor ein paar Tagen hatte man es doch tatsächlich geschafft, den ortsbekannten alternden Playboy – nach einem Verkehrsunfall mit dessen offenem Porsche – im ganzen Stück, also ohne entscheidende Abtrennungen, aus seinem Autowrack herauszusägen.

Doch dieser buntgefederte Dottore konnte noch ganz anderes. So hatte er es beispielsweise geschafft, den Schwarzensteinern einen Medien-Coup der ganz besonderen Art zu bescheren, indem er, über weitgehend private Kanäle, einen sensationellen Vertrag mit einer holländischen Fernseh-Produktionsfirma abschloss, welcher Schwarzenstein nunmehr auch auf dem Gebiet der gehobenen Fernsehunterhaltung zum Weltruhm führen sollte.

Nachdem diese Firma mit harmlosen Sendekonzepten wie „Großer Bruder“, „Ich heirate einen Millionär“ und „Hier ist mein Samen für dein Baby“ schon einige Aufmerksamkeit auf sich gezogen hatte, sollte nunmehr endlich der große Kick kommen. Eine Supershow. Und zwar aus der Schwarzensteiner Eishalle – live übertragen in ganz Europa. Das heißt: Erst aus der Eishalle und dann aus der Klinik. Denn dieses neue und sensationelle Showformat sah folgendermaßen aus:

Fünf Kandidaten würden jeder für sich jeweils eine große Kugel Sahnetrüffel im Ganzen herunterschlucken, welche allerdings die Besonderheit hatten, dass in einer von ihnen ein rosaroter Pantherdiamant verborgen war. Anschließend wurden in einer langwierigen und werbeträchtigen Prozedur fünf Saalkandidaten ausgesucht und in einem Schnellkurs damit vertraut gemacht, eine Darmspiegelung durchzuführen. Anschließend ging es dann sofort in die Klinik, um die fünf Spiegelungen live in ganz Europa auszustrahlen und dabei letztlich denjenigen Gewinnerdarm zu identifizieren, in dem sich tatsächlich der rosarote Pantherdiamant befand.

Aber nicht nur der buntgefederte Dottore war mittlerweile ein Star hier oben in Schwarzenstein. Nein, die Goldgräberstimmung auf dem Zauberberg hatte auch noch ganz andere Stars und Starlets angezogen. Wie beispielsweise den ortsbekannten triebgesteuerten Premium-Primaten mit der Ausstrahlung eines türkischen Reiseunternehmers, der sein ganzes Ich dazu einsetzte, die neue SBC, also die Schwarzensteiner Broadcasting Company aufzubauen, den ausgewiesenen Castro-Freund und Kenner der Materie, der in Schwarzenstein über die Grundlagen von Marx' elfter Feuerbach-These nachdenken wollte, sowie den wohl bekanntesten Restaurantkritiker der Welt, der hier oben einen neuen Bewertungsmaßstab von eins bis 100 Punkten für weiße Trüffel aus Norditalien erfunden hatte. Und das, um nur einige wenige wichtige Persönlichkeiten zu nennen.

Es war also wirklich etwas los hier oben auf dem Berg zu dieser Zeit. Das Geschäft blühte, die Gesellschaft blühte, und der Meister aller Meister, der Gran-Maestro Abraham Grünspan, hielt schützend seine Hand über das ganze Geschehen. Unten im Tal explodierten die Aktienkurse, und oben auf dem Zauberberg klopfte man mit beiden Händen das Geld auf den Kopf. Keine der weltberühmten Designer- und Juwelierketten, die nicht irgendwo im neuen Dorfkern eine Dependance ihrer Zentralen in London, Mailand, Paris, Zürich und Berlin errichtet hatte.

Radio und Fernsehen berichteten jetzt stündlich in Sondersendungen über das sensationelle Geschehen. Und zwar sowohl über das in der Schwarzensteiner Society als natürlich auch über das, welches sich gerade über die Weltbörsen ergoss. Denn derart heftig steigende Kurse hatte man seit Menschengedenken noch nicht gesehen. Ältere Zeitgenossen waren sogar an die große Inflation in den zwanziger Jahren erinnert, als der Preis wichtiger Güter bereits am Abend ein Vielfaches von dem betrug, der noch am Morgen geherrscht hatte. Und die wichtigsten Güter derzeit waren eben die Aktien, die ebenfalls des Öfteren am Abend bereits zehn oder zwanzig Prozent teurer waren, als dies noch am Morgen der Fall gewesen ist.

Überall lautete daher die wichtigste Frage:

„Wo kommt nur das ganze Geld her, um die Kurse so gigantisch in die Höhe zu treiben?“

Doch auch hier oben hatten – wie gesagt – nur die wenigsten den wirklichen Grund verstanden: Die Touristen waren zu flüchtig, die Schönen zu selbstbezogen, die Reichen zu abgelenkt, die Hoteliers zu beschäftigt, und die Bergbauern einerseits zu vergesslich und andererseits zu beschränkt, meistens jedoch beides gemeinsam. Womit sie sich jedoch in keiner Weise von ihren Pendants unten im Tal unterschieden, den Bauernfiguren der großen Banken, den Aktienanalysten, die mittlerweile nicht mehr nur noch 90 Prozent ihrer Aktienempfehlungen auf „Kaufen“ gestellt hatten, wie noch in der Zeit vor dem In-Kraft-Treten von „Plan B“, sondern bereits 99 Prozent aller Aktien rege zum Kauf empfahlen.

Insofern gab es natürlich doch einen Unterschied, denn ein richtiger Bergbauer wusste zumindest, dass das Euter einer Kuh nicht endlos weiter mit Milch aufgefüllt werden konnte, ohne sich irgendwann einmal ganz von selbst wieder zu leeren. Doch im Tal hatte die Euterbeschränkung der üppig fließenden Milch schon lange keine Gültigkeit mehr. Was im Übrigen zu dieser Zeit auch in vielen anderen Bereichen der Fall war.

Man sah nämlich derzeit eine ganz grundlegend neue Zeit anbrechen, die alle Bewertungen, Maßstäbe und Gesetzmäßigkeiten der Vergangenheit völlig revolutionieren und damit – im wahrsten Sinne des Wortes – als den geschmolzenen Schnee von gestern entlarven würde. Skepsis und Abwägen galten allgemein als außer Mode und wurden ersetzt durch Gewissheit und Zuversicht. Ja, manche sprachen sogar davon, dass „Gewissheit“ der neue Rohstoff der Zukunft sein würde, ganz wie dies für Kohle und Erdöl in den Zyklen der Vergangenheit gegolten hatte.

Abraham Grünspan war überzeugt davon, dass seine nun schon seit so langer Zeit verstorbene ehemalige Freundin Ayn Rand an dieser Entwicklung sicher ihre Freude gehabt hätte. Und auch hier, wie so oft, hatte der alte Mann wieder einmal genau den Zahn der Zeit getroffen. Die magische Entfesselung der Marktkräfte in und durch Schwarzenstein bewirkte nämlich, dass mittlerweile sogar die mächtigen USA auf Schwarzenstein blickten wie weiland der kleine Hans auf den großen Wiwimacher. Denn, Schildkrötensuppe hin, Schildkrötensuppe her, dieses erstaunliche Maß an Wachstum und Prosperität ließ sich beim besten Willen nicht mehr allein durch das Ansaugen internationaler Ersparnisse erklären. Hier musste noch etwas anderes am Werke sein.

Auf das „Zero Savings Modell“ hatten die USA ja bereits das weltweite Patent erhalten. Und nun würden sie auch noch die internationalen Rechte darauf erlangen, jegliche Ausgabenfinanzierung – von der Rentenversicherung bis zum laufenden Konsum – stets an die Gewinne des Aktienmarktes zu hängen. Doch wie konnte es dann sein, dass dieses kleine Schwarzenstein ohne eine eigene Aktienbörse so ein wunderbares und patentiertes Modell auszustechen schien? Und dies anscheinend auch noch ganz spielerisch.

Man befand sich also in einer Situation, die es bisher nur ganz, ganz selten gegeben hatte: Die Verantwortlichen jenseits des großen Teiches waren ratlos. Und selbst Abraham Grünspans Beinahe-Namensvetter sah bereits unheilvoll seinen eigenen Stern im Sinken begriffen. Ja, wie war das möglich?

Selbstverständlich wusste man auch jenseits des Atlantiks, dass gewisse Summen aus dem Eurobereich zur Anlage am Aktienmarkt in die USA geflossen waren. Schließlich lebte der ganze nordamerikanische Kontinent ja davon. Doch viel mehr konnte man nicht sagen, da die Statistik des internationalen Kapitalverkehrs zwei sehr gravierende Nachteile aufweist:

Einerseits kann man durch die explosionsartige Ausweitung des amerikanischen Handelsbilanzdefizits nur noch sehr unscharf zwischen Konsumausgaben und Portfolioinvestitionen unterscheiden, weil das Gewicht der Güterimporte die Kapitalbewegungen regelrecht überdeckt. Und andererseits werden die Vermögen in dieser Bilanzstromrechnung immer nur in Mengengrößen, niemals jedoch in Wertgrößen erfasst. Zumindest nicht mehr zu dem Zeitpunkt, der wirklich interessierte. Man tappte also tatsächlich im Dunkeln, was natürlich der amerikanischen Mentalität mindestens ebenso zuwiderlief, wie unpasteurisierte Milch zu trinken oder Rohmilchkäse zu essen, was jedoch seinerseits beides ebenfalls auf dasselbe hinauslief.

Und hätte man sich an die bisherige Doktrin der US-amerikanischen Außenpolitik gehalten, dann hätte man jetzt in der Tat die Kräfte des Bösen beschwören und Schwarzenstein angreifen müssen, da hier ganz unzweifelhaft unamerikanische Umtriebe im Gange waren. Letztlich setzten sich dann aber doch die Softliner in der Administration durch, deren Argumentation, dass eine mangelhafte Zahlungsbilanzstatistik noch keinen Grund für einen Angriffskrieg darstellen würde, in weiten Kreisen der amerikanischen Bevölkerung auf Zustimmung traf. Und das, obwohl der Durchschnitthaushalt in den USA seit mittlerweile über 20 Jahren keinerlei Reallohnzuwächse mehr zu verzeichnen hat. Was auf jeden Fall äußerst bemerkenswert war, wie immer man es drehte und wendete.

Die boomende Konjunktur in und durch Schwarzenstein konnte also erst einmal ebenso ungestört weitergehen wie die täglich neue Explosion der weltweiten Aktienmärkte. Und wie sie weiterging! Hier oben war man nämlich noch kreativer und innovativer als unten im Tal oder jenseits des Atlantiks. So hatte beispielsweise Veronika Valetta ihrem Mann Abraham Grünspan die Zusage abgerungen, dass alle Banken per sofort den Schöpflöffel ihres eigenen Kredittopfes für jeden sichtbar und zugänglich an der Vorderfront ihrer Palastbauten anbringen durften.

Dies war zwar nicht ganz so modern wie das spiegelbildliche Verfahren in den USA, wo alle Finanzinstitute den Haushalten wahllos und in jeder beliebigen Menge Kreditkarten in die Häuser schaufelten. Doch trotz E-Business und Hightech: In Schwarzenstein war man durchaus der Meinung, auch in Hinsicht auf die Finanzen der heimischen Folklore Tribut zollen und auch dem Lokalkolorit seine Berechtigung lassen zu müssen. Schließlich wurden seit jeher – und nicht nur hier oben auf dem Berg – Kredite mit der Schöpfkelle vergeben, da die Gießkanne schon seit langer Zeit einen viel zu kleinen Rüssel für derartig wichtige Aufgaben aufzuweisen hatte.

Doch bei all dem war man natürlich in jeglicher Hinsicht auf der sicheren Seite hier oben in Schwarzenstein: In der Notenbank sowieso, im Umfeld dieser jedoch auch, denn bis zum letzten Haus kurz vor der Landesgrenze stand hier oben alles unter dem Schutz der Burg der Schwarzensteiner Nationalbank. Was sollte auch schon passieren? Alexander von Schulenburgs manchmal etwas düstere Gedanken mussten also nicht unbedingt etwas zu bedeuten haben. Zudem war die Vernunft völlig auf Seiten der Schwarzensteiner Offiziellen. Abraham Grünspan hatte hierzu bereits Endgültiges gesagt. Erstens, Notenbankbilanzen sind wie Bouletten – man wird niemals herausbekommen, was in Wirklichkeit in ihnen steckt. Und zweitens, Banknoten und Geldscheine sind wie Masern – ist man sie erst einmal losgeworden, dann kommen sie niemals wieder zurück.

Denn gerade dieser Masern-Effekt war es doch gewesen, der Alexander von Schulenburg letztlich zu seinem Erfolgsmodell inspiriert hatte: Während nämlich jedes Unternehmen, welches sich über Wechsel oder Kredite finanziert, im Krisenfall in Schwierigkeiten kommen würde, könnte dies bei einer Notenbank schon aus Definitionsgründen niemals passieren. Bei Wechseln und Krediten würden spätestens bei Fälligkeit die Gläubiger kommen und ihr Geld zurückfordern. Doch bei Geldscheinen war so etwas freilich völlig unmöglich.

Früher stand zwar einmal auf den Geldscheinen der Bank von England, dass die Königin verspricht, jedem, der diesen Schein vorlegt, den Gegenwert in Gold auszuzahlen. Doch diese Regelung wurde mittlerweile längst außer Kraft gesetzt. Und das bedeutet: Heute muss keine Notenbank der Welt mehr ihre emittierten Banknoten zurücknehmen und dafür etwas von ihren Vermögensgegenständen hergeben. Banknoten laufen heutzutage ewig; sie laufen bis zum Jüngsten Tage. Und wer sie besitzt und nicht mehr haben will, der muss sie gegen Aktien oder gegen andere Güter eintauschen. Denn eine andere Chance hat er nicht. Und genau deswegen boomten ja auch die Wirtschaft und die Aktienmärkte zu dieser Zeit so prächtig: Alle versuchten, ihr Geld loszuwerden – und schafften es dennoch nicht. Den Schwarzensteinern sei Dank!

Manchmal trieb das Geschehen allerdings auch reichlich alberne Blüten. So hatte beispielsweise ein ehemals sehr renommierter Buchverlag in Deutschland unter dem Titel „Ich mache Sie reich – Der Mann, der Millionäre macht“ anonyme Grundschulaufsätze zum Thema „Geld“ abgedruckt. Und da auch andere Verlage und Veranstaltungsagenturen dem nicht hinterherhinken wollten, hatte zu dieser Zeit im Flachland mittlerweile jeder Analphabet sein Börsenbuch veröffentlicht und jeder Legastheniker und Stotterer sein Börsenseminar veranstaltet. Womit natürlich die These, eine Börsenhausse würde die ohnehin schon vorhandene Vermögenskonzentration noch einmal verstärken, in arge Mitleidenschaft gezogen wurde.

Die Vernunft hatte also die Dinge zumindest noch in lockerer Form weitgehend im Griff. Wenn da nur nicht dieser eine und im Moment noch relativ kleine Schönheitsfehler gewesen wäre: Schon seit langer Zeit hatte niemand mehr tatsächlich einen Pessimisten gesehen. Im Tal sollte es ja in einigen versteckten Winkeln noch den einen oder anderen geben, so munkelte man. Doch in Schwarzenstein hatte man den ganzen Ort, den Berg und die Skipisten akribisch abgesucht und nicht einen einzigen gefunden.

Eigentlich war dies ja eine gute Nachricht, doch uneigentlich natürlich nicht. Denn was würde beispielsweise mit der Mathematik passieren, wenn es plötzlich kein Minuszeichen mehr geben würde? Und welche Auswirkungen hätte das auf eine reale Welt, in der die Mathematik doch eine so große Rolle spielt? Aber noch eine weitere Frage würde die Wissenschaft später einmal zu klären haben: Welcher Faden kann sich eigentlich zwischen einem Schmetterling und einem Skischuh spinnen? Und vor allem: Was haben dabei die Schmetterlinge mit den Ameisen gemein?

18. Materialermüdung – oder: die Verschmelzung von Subjekt und Objekt

Dieser Morgen war der herrlichste Morgen, den man in Schwarzenstein seit langer Zeit erlebt hatte. Darin waren sich alle einig. Ein Tag wie gemacht für einen zünftigen Skiausflug. Bis in den Abend des Vortages hinein hatte es noch dick geschneit, doch bereits im ersten Morgengrauen verzogen sich die Wolken wieder, und nun erstrahlte alles im glänzenden Sonnenlicht. Auf der Piste fand man den schönsten Pulverschnee, den man sich überhaupt vorstellen konnte. So schön, dass es selbst einem alten Skihasen noch einmal das Kribbeln in die Beine trieb.

Nun könnte man natürlich argumentieren, dass es auch hier so etwas wie ein Altersgrenze geben müsste. Doch solange sich rüstige Rentner weltweit mit dem Fallschirm aus diversen Flugzeugen stürzen oder sich in kamerabestückte Container einsperren lassen, sollten doch Männer, die in der Blüte ihres Schaffens stehen, durchaus auch einmal eine kleine Skitour wagen. Zwei weitere Gründe kamen zudem noch dazu:

Erstens hatte Abraham Grünspan einen alten Freund zu Besuch, der natürlich sehr neugierig auf die Umgebung des Zauberberges war. Und zweitens führte sowieso kein Weg daran vorbei. Denn ebenso wie Abraham Grünspan, so hatten auch nahezu alle anderen Honoratioren Schwarzensteins durchweg ihre alten Ehefrauen entsorgt und durch jüngere ersetzt, die meistens höchstens halb so alt waren wie sie selbst.

Dies war sicherlich weniger ein Resultat der Liebe und hatte – bei dieser kräftezehrenden Höhenluft – schon gar nichts mit einem körperlichen Begehren zu tun, sondern entsprach vielmehr schlichtweg der neuesten Modeerscheinung hier oben auf dem Berg. Ganz so, wie man sich im Tal jetzt Hunde statt Kinder anschaffte, um jung zu bleiben, so heiratete man sich hier oben auf dem Berg eben einfach jung.

Doch trotz bester Kosmetik, trotz Facelifting, trotz Gesichtsbräuner, trotz abgesaugtem Bauchspeck, trotz makellosem Gebiss und trotz implantierter Haare konnte man selbst hier oben die Naturgesetze nicht aushebeln. Und das hieß: Alte Säcke blieben auch hier alte Säcke – und mussten sich folglich doppelt quälen, um an der Seite ihrer jungen Gemahlinnen nicht wie nur ein Haufen Brennholz auszusehen. Abraham Grünspan konnte diese Aufgabe im Übrigen stets zum besten Gefallen ausführen, und von den anderen Schreckgestalten wollen wir lieber nicht reden, zumal neuerdings sich diese Marotte auch im Tal auszubreiten schien.

Und genau aus diesem Tal war Abraham Grünspans alter Freund für ein paar Tage hinaufgekommen zum Zauberberg. Beide kannten sich bereits seit ihrer Universitätszeit, nach welcher sich Grünspans Freund allerdings nicht wie Grünspan selbst für eine Karriere in der wirklichen Welt entschieden, sondern die akademische Laufbahn gewählt hatte. Und noch etwas unterschied die beiden: Grünspans Freund hatte sich dem Modetrend zu jungen Frauen bisher erfolgreich widersetzen können und stattdessen angefangen, sich für Ameisen zu interessieren. Was letztlich jedoch sicherlich auf das Gleiche hinauslief.

Dies war nun nur insofern sehr bedeutsam, als dieser Freund vor seiner Emeritierung als Professor für Ökonomie an einer renommierten britischen Universität gelehrt hatte. Denn was haben, so wird man sich jetzt fragen, schließlich Ameisen mit der Wirtschaftswissenschaft zu tun? Und vor allem hier oben auf dem Berg, wo es nicht einmal mehr Ameisenbären gab? Die Antwort auf diese Frage fand sich in einem Buch, welches Grünspans Freund vor ein paar Jahren veröffentlicht hatte und welches, obwohl es von Ameisen handelte, „Der Schmetterlings-Effekt“ hieß. Dies war natürlich äußerst verwirrend, daher aber auch gerade interessant für Grünspan. Sogar so interessant, dass er entgegen seiner sonstigen Gewohnheit dem Wunsch seines Freundes nachgegeben hatte, auf einer zünftigen Skitour einmal ganz ausführlich darüber zu sprechen, welchen Einfluss Ameisen und Schmetterlinge nun tatsächlich auf die Wirtschaft und die Börse haben können.

Denn dieser Effekt war, glaubte man Grünspans Freund, ganz im Gegensatz zu einer ersten und oberflächlichen Einschätzung, durchaus erheblich. Wobei es hier natürlich nicht um den faktischen Einfluss ging, denn es wäre wirklich zu lächerlich, zu glauben, dass Ameisen beispielsweise den Kurs der amerikanischen Geldpolitik vorgeben oder für die Höhe der europäischen Konsumausgaben verantwortlich sein könnten. So etwas würde sicherlich nicht einmal ein seniler emeritierter Professor behaupten, denn schließlich war man hier ja in Schwarzenstein an der frischen Luft und nicht in einer Nachmittags-Talkshow im Fernsehen.

Nein, es ging hierbei vielmehr erneut um das Metaphorische, um die Erklärung und Prognose wirtschaftlicher Phänomene, die man mit dem normalen Theorieapparat nicht so recht in den Griff bekam. Grünspans Freund war in ganz besonderer Art und Weise von einem Experiment der Biologen fasziniert, welches letztlich auch den Anstoß dazu gegeben hatte, sein Schmetterlings-Ameisen-Buch zu verfassen. In diesem Experiment hatten die Biologen vor einem Ameisenhaufen zwei völlig identische Futterstellen aufgebaut, die jeweils nach jeder Futterentnahme automatisch wieder aufgefüllt wurden und sich derart zu jedem Zeitpunkt für die Ameisen als vollkommen identische Nahrungsquellen präsentierten.

Wie viele Ameisen würden nun die erste und wie viele die zweite Futterstelle wählen? Die Wahrscheinlichkeitsrechnung lieferte als Ergebnis, dass beide Futterquellen in etwa gleich frequentiert werden müssten. Doch war das nicht nur das Ergebnis der ersten Runde? Was wäre nämlich, wenn das Ergebnis beispielsweise zufällig nicht 50:50, sondern 48:52 ausfallen würde und man davon ausgehen konnte, dass die Ameisen, die bereits erfolgreich an einer Stelle Futter gefunden hatten, genau diese und nur diese Quelle auch an ihre Genossen und Kollegen weitergeben würden?

Könnte – oder besser müsste – aus der zufälligen Bevorzugung der einen Quelle dann nicht aufgrund der Kommunikationseffekte eine immer stärkere systematische Bevorzugung eben dieser Quelle werden? Genau so, wie an der Börse auch immer diejenigen Aktien, die in einem Index enthalten sind und die folglich auch von den Fonds gekauft werden, immer ein höheres Kursniveau haben als diejenigen, bei denen das nicht der Fall ist.

Das sagt auf jeden Fall die Theorie, die Beobachtung der Ameisen lieferte jedoch ein ganz anderes Ergebnis. Denn ohne irgendeine erkennbare Gesetzmäßigkeit wandelte sich die Bevorzugung der einen Quelle ganz plötzlich in die Bevorzugung der anderen Quelle, wobei dieser Prozess dann ebenso plötzlich auch wieder umkippte – und sich in sein Gegenteil wandelte. Und niemand konnte sagen, dass hierfür ein einzelnes Ereignis oder das Verhalten einer einzelnen Ameise verantwortlich war.

Für einen emeritierten Professor der Wirtschaftswissenschaften, der sich sein ganzes Leben vergeblich an Prognosemodellen die Zähne ausgebissen hatte, musste diese Untersuchung natürlich ein gefundenes Fressen darstellen. Zumal dann, wenn man, wie dies bei Grünspans Freund der Fall war, durchaus unzufrieden mit dem Stand der wissenschaftlichen Forschung in diesem Bereich war.

Doch konnte man das Verhalten der Ameisen so einfach auf den Menschen übertragen? Wenn Grünspans Freund zum Zeitpunkt des Schreibens seines Buches bereits gewusst hätte, dass der Mensch letztlich nur doppelt so viele Gene wie die Ameise hat, dann wäre die Geschichte nicht nur in dieser Hinsicht vielleicht sogar völlig anders verlaufen. Doch ohne dieses Wissen hatte sich Grünspans Freund in seiner Not an ein ganz anderes Theorem erinnert, welches ein Meteorologe ihm einmal zur Erklärung von Wetterumschwüngen erzählt hatte – nämlich an den Schmetterlingseffekt.

Nun weiß zwar niemand so genau zu sagen, wie viele Gene ein Schmetterling hat, was natürlich durchaus bedeuten könnte, dass es diesem genauso ergeht wie der nicht genmanipulierten Tomate, die zumindest nach jüngsten Umfragen innerhalb der bundesdeutschen Bevölkerung ja überhaupt keine Gene haben soll. Doch letztlich erweist sich der Schmetterlingseffekt außerhalb eines marginal-deterministischen Systems natürlich als völlig unabhängig vom jeweiligen Genmaterial. Und überhaupt: Wenn schon, dann hätte man sich auch in diesem Zusammenhang wohl eher über das Proteom als über des Genom unterhalten müssen. Aber wer weiß denn heute überhaupt schon etwas über die Proteine eines Schmetterlings?

Wichtig ist daher also allein, sich auf das Wesentliche zu konzentrieren. Und damit vom Innerlichen zum Äußerlichen zu wechseln und sich auf den Flügelschlag des Schmetterlings zu fokussieren, der einerseits Luftveränderungen herbeiführen kann, die das Wetter vollkommen verändern, und andererseits, zumindest nach Ansicht von Grünspans Freund, die etablierte Wirtschaftswissenschaft mit ihren unsäglich peinlichen Prognoseerfolgen durchaus aus den Angeln heben könnte.

Und niemand war natürlich – aus verständlichen Motiven – mehr an der Prognose derart plötzlicher Umschwünge von schönem auf schlechtes Wetter, von guter auf schlechte Konjunktur und von Hausse auf Baisse an den Aktienmärkten interessiert als Abraham Grünspan selbst. Doch gerade als die beiden alten Freunde nach einem ausführlichen Plausch über dieses Thema in einer gemütlichen Hütte die erste Abfahrt am Nachmittag in Angriff nehmen wollten, fuhr Abraham Grünspan mit dem rechten Ski über die kleine Eisplatte, die man deswegen gar nicht sehen konnte, weil beim Hüftschwung des Skifahrers, der gerade vor Grünspan fuhr, der Schnee auf eben diese hinaufgestaubt war.

Das gerichtsmedizinische Institut von Schwarzenstein schrieb in seinem Abschlussbericht dann jedoch ausschließlich etwas über das Thema „Materialermüdung". Doch wie konnte ein Skischuh, selbst wenn das Plastik, aus dem er gefertigt war, bereits einige Jahrzehnte auf dem Buckel hatte, durch einen derartig kleinen Schlag auf der vollen Längsseite talwärts auseinander brechen? So dass der Fuß, nur noch mit einer ebenfalls angerissenen Socke bekleidet, plötzlich herausschoss und in seiner ganzen Nacktheit auf dem rutschigen Untergrund natürlich keinen Halt finden konnte.

Ja, das war die wichtigste Frage, die es nun abzuklären galt. Fakt war zunächst jedoch einmal, dass man unter „Ermüdung" die in einem Werkstoff zeitlich wiederholt auftretenden mechanischen Beanspruchungen versteht, die im Verlaufe der Betriebszeit der Konstruktionsbauteile zu einer Funktionsuntüchtigkeit der Gesamtkonstruktion oder sogar zu ihrem Ausfall führen können. Deshalb werden vor Inbetriebnahme üblicherweise mechanische Proben direkt aus dem Konstruktionsbauteil gefertigt und mechanisch unter Zug-Druck-Belastung mit Hilfe einer servohydraulischen Prüfmaschine untersucht. Bei einer Auftragung der Spannung über der Gesamtdehnung ergibt sich bei der Wechselverformung mit plastischem Dehnungsanteil eine Kurve, die Hysterese genannt wird.

Bei der Wechselverformung eines derartigen plastischen Teils können, bedingt durch seine mechanische Vorgeschichte – sowie durch mögliche, aufgrund der Wechselverformung hervorgerufene Gefügeveränderungen –, eine Wechselverfestigung oder Wechselentfestigung eintreten. Dieser mit dem Begriff „Ermüdung“ verknüpfte Effekt taucht im Alltagsleben meist im direkten Zusammenhang mit dem Versagen eines Bauteils auf.

Gegen diese wissenschaftliche Präzision konnten sogar der Schmetterlingseffekt sowie das Modell über das Verhalten von Ameisen verblassen, fand Abraham Grünspans Freund später. Doch zunächst einmal setzte jedoch der Fuß mit der angefetzten Socke auf der mittlerweile hart gewordenen Piste auf, fand dort keinen Halt und glitt ab in den Tiefschnee. Aber auch dort änderte sich die Situation nicht grundlegend, so dass er mitsamt der ganzen Person, an der er festgewachsen war, in die Tiefe schoss – leider sogar über die Tiefschneepassage hinweg und weiter hinab.

Und dort brauchte das Schicksal nicht einmal mehr einen ganzen Wald, um sich selbst zu vollenden. Nein, ein einziger Baum reichte bereits aus. Zielsicher, wie von der unsichtbaren Hand der Vorsehung gesteuert, raste somit das Subjekt auf das Objekt zu, wobei genau das entstand, was die Philosophen seit Jahrtausenden bereits vergeblich gesucht hatten – nämlich die Verschmelzung von Subjekt und Objekt.

Von einem derartigen Augenblick erwartete man eigentlich weltweit eine geradezu mystische Erkenntnis, war es doch gerade die Trennung von Subjekt und Objekt, die nicht nur der Philosophie stets bei der Gewinnung der letzten wichtigen Erkenntnisse im Wege stand. Und jetzt sollte also vielleicht nicht nur der Baum, sondern auch dieser lästige Stolperstein der Wissenschaft sein letztes Abendmahl gesehen haben.

Betrachten wir die Welt nämlich einfach einmal als ein ungeteiltes Ganzes, dann wird schnell klar, dass die Trennung von Subjekt und Objekt zwar auf der einen Seite erst jede Erkenntnis möglich macht, dafür andererseits jedoch der Preis gezahlt wird, dass die Welt sich durch diese Trennung sich selbst gegenüber verfälscht. Denn ist die Welt tatsächlich ein unteilbares Ganzes, dann muss sie sich zwangsläufig durch diese Trennung in Subjekt und Objekt sich selbst gegenüber verfälschen. Und wie soll aus dieser Verfälschung nun ein stimmiges Bild der Welt erwachsen?

Niemand konnte auf diese Frage eine eindeutige Antwort geben beziehungsweise die eindeutige Antwort auf diese Frage lautete, dass es ohne Verschmelzung nicht gehen würde. Doch wer sollte dann noch davon berichten? Aber egal, es musste einfach einen Weg geben, weshalb sich denn auch nicht nur die Philosophen, sondern ebenfalls Wissenschaftler, Schriftsteller, Mystiker, Esoteriker und Rauschgiftkonsumenten sowie Wissensdurstige jeglicher Provenienz seit jeher auf die Suche begeben hatten, diese Subjekt-Objekt-Trennung durch Verschmelzung des erkennenden Ichs mit der Welt zu beseitigen.

Jedoch, wie der arme Abraham Grünspan, der hier mit nur einem Ski und einem halb nackten Fuß mit zerfetzter Socke und extrem hoher Geschwindigkeit den Berg hinabsegelte, diesen magischen Moment der Verschmelzung erlebt hat, lässt sich nicht mit letzter Sicherheit sagen. Mit Sicherheit lässt sich nämlich nur sagen, dass anscheinend dadurch ebenfalls eine Lawine ausgelöst wurde, was natürlich die Philosophie auch nicht anders prognostiziert hätte, wenn sie denn rechtzeitig gewusst hätte, was hier passieren würde. Wie wäre auch ein derartiges Erlebnis ohne eine anschließende Lawine überhaupt angemessen zu bewerten gewesen?

Und diese Lawine rollte weiter. Nicht nur, dass sie einen Teil von Schwarzenstein unter ihren Massen begrub, nein, durch die gerade in Schwarzenstein anwesenden Journalisten weitete sie sich vielmehr in blitzartiger Geschwindigkeit über die ganze Welt aus. Natürlich, darüber waren sich hinterher alle Kommentatoren einig, wäre das alles noch viel schlimmer gewesen, wenn diese plötzliche Abberufung nicht Abraham Grünspan selbst, sondern Abraham Grünspans Beinahe-Namensvetter auf der anderen Seite des Atlantiks getroffen hätte. Aber auch so reichte die Bescherung wohl aus.

Andererseits blieb bei dieser ganzen Geschichte natürlich auch eine ganze Menge im Dunkeln: Konnte es tatsächlich eine Korrelation zwischen einer Aktienhausse und dem Plastik eines Skischuhs geben? Sind Aktienhaussen wirklich anfällig gegenüber ganz ordinären Materialermüdungen? Im Grunde genommen wurde natürlich bereits lange genug darüber spekuliert, dass dann, wenn bereits der Flügelschlag eines Schmetterlings in Hongkong in den USA einen Wirbelsturm auslösen kann, im Lawinenfall tatsächlich der Teufel los sein müsste.

Und das war er ja dann wohl auch. Auf jeden Fall hatten die US-amerikanischen Journalisten, die sich gerade zufällig in Schwarzenstein zum Skifahren aufhielten, viel Glück. Denn just in dem Moment, als die epochale Lawine ausgelöst wurde, befanden sie sich im Gletscherrestaurant unweit des Gipfels des Zauberberges, tranken eisgekühltes Bier und aßen fettes Fleisch, anstatt sich auf der Piste von der Lawine verschütten zu lassen, wie dies ansonsten für jeden ganz normal Sterblichen angestanden hätte. Es war also letztlich ein großes Glück für die Weltfinanzen, dass die US-Amerikaner sich im Durchschnitt durch weit dickere Gesäßteile als ihre europäischen Pendants auszeichnen.

Doch kurz bevor sie dann, von einer Sekunde auf die andere, wild entschlossen zu ihren Handys griffen, um der Welt Mitteilung zu machen, hatten sie noch über die Frage philosophiert, warum es eigentlich noch nicht gelungen war, die neue Esskultur auch im weltweiten Skizirkus erfolgreich zu etablieren. Denn im Grunde genommen mutet es doch fast mittelalterlich an, zum Skilaufen Suppen, Würstel und Knödel zu essen. Nein, richtig fette Hamburger mit Pommes frites – und dann noch diverse Anschlussorders für Herztabletten, Cholesterinsenker, Diätpillen und Antidepressiva, das wäre es doch wirklich gewesen. Das wäre der Wachstumsmarkt der Zukunft. Aber leider, so schloss die Runde, verstanden die Europäer nun wirklich nichts, aber auch gar nichts von diesem Geschäft. Und nicht einmal die innovative Bergenklave Schwarzenstein machte hierbei eine Ausnahme. Da geschah ihnen diese Lawine doch eigentlich ganz recht.

Dann jedoch kam sofort die moderne Technik zum Einsatz – und endlich einmal gab es wirklich etwas zu erzählen, als man zum Handy griff. Und schon bald fing der Himmel über Schwarzenstein an, sich zu verfinstern. Das hatte jedoch weniger mit den Auswirkungen der Lawine zu tun, als vielmehr mit der Tatsache, dass plötzlich jeder Fernsehsender auf der Welt sein eigenes Fernsehteam hier oben vor Ort haben wollte. Der Himmel über Schwarzenstein trug also der Mediengesellschaft Rechnung und schmückte sich mit einem nahezu undurchdringbaren Teppich von Hubschraubern.

Und auch der alte Sepp, der glücklicherweise in dem Teil vom Dorfzentrum seinen Laden hatte, der von dem Unglück verschont geblieben war, machte den Umsatz seines Lebens. Denn jeder Journalist, der jetzt ein Stück der Rinde dieses Schicksalsbaumes für sich und seine Enkel abkratzen wollte, benötigte dafür natürlich ein Taschenmesser. Der Baum war nämlich nahezu unverändert stehen geblieben, wohingegen sich unterhalb von ihm durch den Abgang der Lawine nur noch eine kahle Wüste zeigte.

Alexander von Schulenburg, den dieses Ereignis zumindest physisch ebenfalls ungeschoren gelassen hatte, saß weiland kopfschüttelnd vor seinem Monitor und erinnerte sich an die schöne alte Börsengeschichte, über die er früher einmal – ganz im Gegensatz zu heute – herzhaft lachen konnte: Jemand kauft eine Aktie, die steigt und steigt. Und während sie steigt, kauft er immer weiter, so dass sein Gewinn schließlich exorbitant gestiegen und er eigentlich ein reicher Mann ist. Daraufhin fragt ihn ein Freund, dem er diese Geschichte erzählt hat: „Na und, warum verkaufst du nicht?“ – „Ich kann nicht“, antwortet daraufhin der Mann, „ich bin der einzige Käufer.“

Schwarzenstein – um diese Erkenntnis werden sich auch die Historiker nicht herumdrücken können – war letztlich die Hauptursache für die enorme Hausse an den Aktienmärkten in den letzten Jahren. Es gab zwar bereits vorher einen sehenswerten Aufwärtstrend, doch die richtige Turbophase setzte erst mit dem In-Kraft-Treten von Plan B ein. Doch jetzt sprechen wir bereits in der Terminologie der Historiker. Wer jedoch – außer einer Hand voll Eingeweihter – konnte damals bereits in diesen historischen Kategorien denken? Denn selbstverständlich hatten die weltweiten Netzwerke von Morning! Stanley und Goldbuck jede einzelne der unzähligen riesigen Kauforders aus Schwarzenstein jeweils in winzige Teile gesplittet und unter den verschiedensten Partnern rund um den Globus zur Ausführung verteilt.

Ganz nach dem alten römischen Grundsatz: „Divide et impera“ hatten also auch die modernen Herrscher mit dem, worauf es wirklich ankam, hinter dem Berg gehalten – nämlich mit der Macht und mit dem Wissen. Nichts konnte folglich augenscheinlich darauf hinweisen, dass der Antrieb, der dieses riesige Rad auf immer neue Höhen drehte, in Wirklichkeit nur aus dieser kleinen Nation am Fuße des Zauberberges stammte. Denn für alles gab es stets auch eine ganz andere Erklärung. Wie beispielsweise für den Anstieg der Schwarzensteiner Geldmenge, die natürlich in keinem Fall auf den Plan B hinweisen musste, sondern sich fast noch eleganter mit den enormen Devisenzuflüssen nach Schwarzenstein erklären ließ. Und wer hätte schon geglaubt, dass die daraus resultierenden riesigen Devisenreserven nicht in großväterlicher und stockkonservativer Art und Weise in festverzinslichen Papieren angelegt wurden, wie das bei Notenbanken normalerweise der Fall sein sollte.

Einige wenige Böswillige und Ungläubige muss es dann aber doch gegeben haben. Denn anders war es kaum zu erklären, dass mit dem alleinigen Abrutschen von Abraham Grünspan auch die Aktienmärkte von einer Sekunde auf die andere ganz plötzlich in den freien Fall übergingen. Hatte hier etwa jemand geplaudert? Oder, viel schlimmer noch, sind hier bereits seit langer Zeit umfangreiche Shortpositionen gesät worden, um nun, just in diesem Zeitpunkt, mit der reichhaltigen Ernte zu beginnen?

Und es stellten sich noch ganz andere Fragen: Hatte man gar die Eisplatte ganz bewusst ...? Und hinterher den Schnee darüber ...? Wer war eigentlich der Skifahrer, der sich im alles entscheidenden Moment gerade vor Grünspan befunden hatte? Und ist es mittlerweile vielleicht tatsächlich möglich, Schmetterlinge zu züchten und auf ein besonderes Verhalten hin abzurichten? Auch hier also wieder die Gentechnologie? Oder bereits der erste Durchbruch der Proteomik? Doch warum liefen dann eigentlich die Kaninchen immer noch frei herum?

Alexander von Schulenburg war mittlerweile bleich vor Entsetzen, denn von Umsätzen konnte an den Märkten keinerlei Rede mehr sein. Die Preise wurden vielmehr nur noch durch laufend neue Briefkurse heruntergetaxt. Wenn das so weiterging, dann würde heute, da war Alexander von Schulenburg sich ganz sicher, eine Philosophie zerbrechen. Die tragische Subjekt-Objekt-Verschmelzung hatte also doch dazu geführt, dass die Menschen die Welt mit einem Mal völlig anders zu sehen schienen als vorher. Und obwohl niemand genau sagen konnte, wie diese neue Sicht der Dinge nun aussah, konnte man dennoch eines mit großer Sicherheit sagen: Alles, was vorher einmal Gültigkeit hatte, schien jetzt nicht mehr zu gelten. Und das, was sich jetzt als richtig erwies, hätte vorher bestenfalls ein lautes Lachen ausgelöst.

Doch nicht nur eine Philosophie würde in Parallelität mit den Märkten zusammenbrechen, so war zu vermuten, sondern gleichzeitig wohl auch ein Wirtschaftsmodell. Es war anscheinend nur noch die Frage, ob es das Schwarzensteiner oder das US-amerikanische sein würde. Vielleicht sollte man daher vorbeugend auch gleich einmal anfangen – überlegte Alexander von Schulenburg und war schon drauf und dran, bei Alain le Cocq-Bleue durchzuklingeln – die Reste der echten Schildkrötensuppe wieder aufzutauen, um sie anschließend bei Bedarf schnellstmöglich servieren zu können.

Und plötzlich erschien ein fast unheimliches Lächeln

auf Alexander von Schulenburgs Gesicht. Seine zweite, seine immer wieder verdrängte andere Seite, kämpfte sich jetzt, wo es tatsächlich hart auf hart zu kommen schien, sichtbar in den Vordergrund. Wenn man nun schon selbst nicht ..., warum sich dann nicht wenigstens an den Untergängen der anderen genüsslich delektieren? Denn auch die Schadenfreude ist doch mittlerweile – und das nicht nur dank des Fernsehens – zu einem Standard-Kulturgut geworden.

Man muss es sich doch nur einmal ganz genau durch den Kopf gehen lassen: Da sind die USA gerade im Begriff, Hunderte von Milliarden von US-Dollar für ein Raketenabwehrsystem im Weltraum auszugeben, um sich vor terroristischen Anschlägen seitens anderer Staaten zu schützen. Und während sie gerade so genussvoll in die Sterne schauen, werden sie auf Bodenhöhe von einem ökonomischen Terrorismus zerfetzt, der diesen Anschlag nicht einmal explizit geplant oder beabsichtigt hat.

Und hier müsste doch eigentlich jeder schnauzbärtige Staatsterrorist auf der ganzen Welt vor Neid erblassen: Denn den Gegner mit dem Virus des Erfolges zu infizieren, ihm mit dem großen Geld zu winken, dann jedoch im entscheidenden Augenblick den Virus seine Zerstörungsaufgabe durchführen zu lassen, diese – überdies auch noch vollkommen unbewusste – Strategie schien doch tatsächlich viel erfolgreicher zu sein als jegliche teure, schmutzige und weithin sichtbare bakteriologische Kriegsführung. Und vielleicht wäre sogar Friedrich August von Hayek zu diesem Zeitpunkt persönlich nach Schwarzenstein gereist, um diese große neue spontane Ordnung einmal live zu besichtigen. Doch auch Hayek war mittlerweile ja das gleiche Schicksal beschieden wie der stolzen Ayn Rand auch.

Und dann machte es klack-klack, klack-klack und klack-klack. Doch kein Hopp-auf – und kein fertig. Denn nichts war mehr da für ein Hopp-auf. Immer weniger, immer kürzer, immer kleiner und vor allem immer langsamer – bis zum völligen Stillstand. Immer nur Klack-klack, Klack-klack und Klack-klack. Doch kein Hopp-auf, kein Zack-zack und kein fertig. Und schon längst nicht mehr: ab zur Nächsten.

Dass die Schwarzensteiner den USA einen Großteil der weltweiten Ersparnisse abfischten, das hätten die USA beim Anblick der Tatsachen noch gut verkraften können, da Schwarzenstein sie im Gegenzug ja mit eben der Essenz bediente, der sie mindestens ebenso dringend bedurften – nämlich mit steigenden Aktienkursen. Denn wenn man es den eigenen Haushalten ermöglichen will, ständig mehr auszugeben, als sie einnehmen, dann ist es letztlich völlig egal, ob dies durch Kredite finanziert wird, durch ein Abfischen der internationalen Ersparnisse oder eben durch die sukzessive Höherbewertung der Vermögen der Haushalte. Und wenn die Zeit schon ein wenig fortgeschrittener gewesen wäre, dann hätte man vielleicht sogar ein Medikament dafür entwickeln können.

Ob man also dadurch reich wird, dass man etwas auf die hohe Kante legt, oder dadurch, dass das, was schon auf der hohen Kante liegt, sich aufbläst, das ist eigentlich gehupft wie gesprungen. Doch wenn dann die hohe Kante nicht nur so ganz langsam anfängt abzuschmelzen, sondern im wahrsten Sinne des Wortes wie eine Lawine ins Tal schnellt, dann wird die Situation durchaus bedrohlich. Dann muss man schleunigst sehen, dass man selbst wieder etwas hochschafft auf die Kante. Doch ein derartiges Unterfangen kann natürlich stets nur zu Lasten des Konsums erfolgen, womit dann natürlich die Unternehmen schlechter verdienen und die ohnehin schon abgestürzten Aktienkurse weiter in den Keller treiben.

Der Bakteriologe, der Virologe und der chemische

Kriegsführer würden hierbei sicherlich von einem „autokatalytischen Prozess“ sprechen, einem üblen Vorgang, bei dem die schädigende Substanz jeweils selbst die Rolle des reaktionsbeschleunigenden Katalysators übernimmt. Der Volksmund hingegen könnte hierbei natürlich auch durchaus den Begriff der „Kernschmelze“ in den Mund nehmen.

Denn mit den Aktienkursverlusten kamen nun natürlich auch die Finanzmarktkredite in den USA, über die sich ja Abraham Grünspan und Alexander von Schulenburg schon lange vor der Realisierung des Projektes Schwarzenstein Sorgen gemacht hatten, so langsam ebenfalls ins Trudeln. Und auch den Konsumentenkrediten konnte damit letztlich kein anderes Schicksal beschieden sein, da die Konsumenten gegenwärtig ja in einer vorher für unvorstellbar gehaltenen Geschwindigkeit ihren Wohlstand wieder verloren.

Den Schwarzensteinern ging es im Vergleich dazu allerdings regelrecht wunderprächtig. Immerhin hatte der arme Grünspan mit seiner Diktion, nach der sich eine Notenbankbilanz grundsätzlich nicht von einer Boulette unterscheidet, den Schwarzensteinern ein Instrumentarium hinterlassen, welches es ihnen ermöglichte, auf das weltweite Geschrei in aller Ruhe mit Schweigen zu antworten. Und so geschah es denn auch: Man bewertete die Aktien, die man mit den Devisenreserven gekauft hatte, einfach weiterhin zu den Anschaffungskosten, nannte dies dann „Bilanzkontinuität“ und schaffte damit jedes Problem bereits vor seinem Auftreten aus der Welt. Und die Bilanz der Schwarzensteiner Nationalbank erstrahlte im selben Lichte wie seit eh und je.

Es gab also nur eine Aktien- und Kreditkrise, jedoch keine Währungskrise: Denn selbst dann, wenn die Anleger versucht hätten, aus dem Alpina zu fliehen, was sie natürlich aus guten Gründen nicht taten, dann hätte ihnen das niemals gelingen können. Denn man vergisst häufig: Kapitalimporte und Kapitalexporte kann es immer nur dann geben, wenn den Geldtransaktionen entweder Warengeschäfte gegenüberstehen oder aber die jeweilige Notenbank Devisen aufnimmt beziehungsweise abgibt. Tut sie dies jedoch nicht, dann können alle Spekulanten sich stets nur um die Bestände balgen, die auch vorher bereits in den Märkten kursierten.

Schließlich ist keine Notenbank dieser Welt dazu verpflichtet, ihre eigenen Noten einmal wieder zurückzunehmen, wenn vorher keine derartigen Abmachungen getroffen worden sind. Was die Schwarzensteiner als seriöse und stets dem Gemeinwohl verpflichtete Finanzmarktteilnehmer natürlich tunlichst unterlassen hatten. Schwarzenstein hatte sich somit in einer Weise marktwirtschaftlich verhalten, wie es selbst heutzutage leider nur noch selten anzutreffen ist. Ja, man hatte das Laisser-faire tatsächlich bis an die Grenze getrieben – und einfach in die Devisenmärkte nicht eingegriffen.

Die Aktien- und Kreditkrise zog jedoch etwas ganz anderes und viel Unangenehmeres nach sich: Denn während die Aktienmärkte bereits wie ein Stein in das kalte Wasser der Baisse geplumpst waren und die Kredite sich dabei in Luft aufgelöst hatten, nahmen beide – mit einer nur kurzfristigen Zeitverzögerung – nun auch die entsprechenden Volkswirtschaften, die über ein zwar sehr langes, aber dennoch unzertrennbares Seil mit eben diesen verbunden waren, auf ihre Talfahrt mit. Der Reichtum im Tal kehrte sich also binnen kurzer Zeit in Armut um, und die Einzigen, die hiervon relativ ungeschoren blieben, waren die Leute oben auf dem Zauberberg, deren Währung relativ stabil blieb und die auch ansonsten wenig mit den typisch hausgemachten Problemen zu kämpfen hatten.

Die Träume einer immer währenden Prosperität waren

also im Namen des allmächtigen Skischuhs erst einmal ausgeträumt. Und diejenigen, die vorher stets der Unendlichkeit das Wort geredet hatten, wurden mit einem Mal selbst so klein und winzig, dass sie fast schon einer Null glichen. Allerdings ohne dies selbst zu bemerken, weshalb ihnen die Welt ab sofort nur noch umso großartiger und wunderprächtiger vorkam, als dies bereits vorher der Fall gewesen war. Und einmal angestoßen, bahnte sich die Lawine ihren weiteren Weg: Die sinkenden Aktienkurse bedeuteten einen geringeren Wohlstand, bedeuteten geringere Ausgaben, bedeuteten schlechtere Unternehmensergebnisse, bedeuteten sinkende Aktienkurse, bedeuteten geringeren Wohlstand, bedeuteten geringere Ausgaben, schlechtere Unternehmensergebnisse – und bedeuteten damit, dass das, was jetzt eigentlich bald ein Ende finden sollten, sich jedes Mal wieder einen neuen Anfang suchte.

Was im Übrigen auch physikalisch oder sozialmechanisch – was jedoch beides letztlich auf das Gleiche hinausläuft – nicht unerklärt bleiben muss: Denn neigt sich die Weltenkugel oder auch eine unserer vielen Befindlichkeiten nur einmal ein kleines Stückchen zur Seite, so kann man die Abschüssigkeit einer Lawinenpiste nahezu bis in die Unendlichkeit hinein verlängern. Und damit wird es zu guter Letzt natürlich völlig unerheblich, ob die Ameisen die eine oder andere Futterquelle wählen. Solange sie stets und ständig bergauf zu laufen haben, unterliegen sie in ihrer Zweidimensionalität in jedem Falle einer Illusion der Alternativen.

Wer würde sich daher in einer derartigen Situation nicht händeringend den Flügelschlag des magischen Schmetterlings herbeisehnen – wunderbar anzuschauen und ganz sicher erlösend darin, die Dinge wieder zum Guten zu wenden. Man muss eben manchmal einfach nur fest genug daran glauben.

19. Der Große Kaninchenverstand

Das Bild zeigt eine großartige Landschaft. Im Vordergrund eine flache Hochebene. Der Schnee ist bereits seit langem geschmolzen und zeigt sich nur noch vereinzelt ganz oben auf den Spitzen der umliegenden Dreitausender. Der Rasen ist schon grün und hat alle Spuren des Winters getilgt. Wir sehen ein Kaninchen, wie es völlig unbeweglich in der Gegend sitzt. Kein Grasfressen. Kein Mümmeln. Überhaupt keine Bewegung. Warum sitzt es nur so regungslos da?

Das Kaninchen blickt auf die Schlange, die sich unweit vor ihr positioniert hat. Eine völlige Stille ergreift die Szenerie. Beide sind ausschließlich aufeinander fixiert. Sie schauen sich in die Augen und belauern einander. Wie lange werden sie in dieser Starre noch verharren? Doch ganz plötzlich ertönt ein dumpfes Geräusch. Und schwupp – das Kaninchen wurde von einem Bären gefressen.

Und plötzlich macht es dann doch wieder klack-klack, Hopp-auf – und fertig. Und es geht wieder: Immer mehr, immer weiter, immer größer und vor allem immer schneller. Zack-zack, Hopp-auf – und fertig. Immer nur Klack-klack, und ist das eine Nickelchen weg, dann muss das nächste Nickelchen her. Nur Klack-klack, Zack-zack, Hopp-auf – doch spätestens dann muss das nächste Nickelchen da sein. „Wir brauchen eine neue Gelegenheit", sagt der Finanzmann, und die Welt jubelt ihm zu: „Das ganze Geld muss doch schließlich angelegt werden, sonst hört womöglich gar die Welt auf, sich weiterzudrehen."

Denn ohne eine neue Chance verspielt man vielleicht sogar die bisherigen Chancen alle auf einen Streich. „Denn wenn es hier nicht mehr weitergeht", so sagt der Finanzmann schließlich noch, „dann kann es auch dort nicht weitergehen.“ Wo also ist das neue Spiel? Schließlich hat es bisher immer ein neues Spiel gegeben: Ganz früher einmal mit den Immobilien. Dann mit dem Gold. Anschließend mit den Festverzinslichen. Und bis gerade eben mit den Aktien. Doch was würde nun folgen? Das Geld oder das Gold, der Weizen oder die Diamanten? Bei allem spricht etwas dafür, und bei allem spricht etwas dagegen. Doch die Hauptsache ist doch in jedem Fall das Klack-klack, das Hopp-auf – und das fertig. Und dass es dann wieder losgeht mit dem Immermehr, Immerweiter, Immergrößer und vor allem mit dem Immerschneller. Zack-zack, Hopp-auf – und fertig. Klack-klack, Zack-zack, Hopp-auf – und dafür brauchte man doch auf jeden Fall etwas Neues.

Wo also ist das neue Spiel?

Und plötzlich fiel es Alexander von Schulenburg wie Schuppen von den Augen: Nur mit der Pingpong-Theorie würde man tatsächlich dem Neuen auf die Spur kommen können. Eines war nämlich in jedem Fall klar: Kein neues Spiel und keine neue Hausse ohne eine damit verbundene neue Krise. Gerade deswegen ist ja auch die Pingpong-Theorie letztlich so überzeugend. Alle Kalamitäten werden nämlich in einem steten Wechselspiel wie ein Tischtennisball rund um die ganze Welt herumgespielt. Und da in jedem geschlossenen System die Rückseite der Kalamität immer dem Gewinn entspricht, braucht der gewinnmaximierende Mann von Welt folglich einfach nur den Bewegungen des Pingpong-Schlägers zu folgen.

Und da nun gerade einem Land der Ersten Welt der Absturz in die Zweite Welt drohte, müsste sich nach der Pingpong-Theorie die nächste Krise natürlich wieder in der Dritten Welt abspielen – und die nächsten Gewinnmöglichkeiten mussten folglich ebenfalls dort zu finden sein.

Hinzuweisen ist dabei allenfalls darauf, dass es die Zweite Welt ja eigentlich überhaupt nicht gibt und ein Absturz aus der Ersten Welt daher im Grunde genommen ein Absturz ins Bodenlose ist. Dies jedoch nimmt der Pingpong-Theorie keinesfalls ihre Erklärungskraft. Hinzu kommt natürlich auch noch der reine Timing-Faktor. Denn seit der Asien-Krise 1998 waren nun wirklich etliche Jahre vergangen, so dass es, wie man an den Finanzmärkten in den großen Metropolen bereits tuschelte, endlich wieder einmal Zeit wurde, den Wiederaufbau in diesen Ländern wirksam zu stören. Denn jede Macht, die nicht ausgeübt wird, führt sich letztlich doch nur selbst ad absurdum. Wer jedoch würde so etwas geschehen lassen, wenn das Zentrum doch stets die Möglichkeit hat, die Konkurrenz in der eigenen Peripherie turnusmäßig immer wieder zurechtstutzen zu können.

Und das bedeutet letztlich nichts anderes als es früher auf dem Schulhof bedeutet hätte: Es muss endlich etwas passieren! Entweder es müssen ein paar neue Drogen her oder aber man muss wieder einmal jemanden richtig verprügeln. Doch wie war das eigentlich damals? Wie wurde darüber entschieden, wer die Klassenkeile zu beziehen hatte? Die Erinnerungen hieran sind natürlich verschwommen, doch das Prinzip hat die Zeit glänzend überstanden: Man wählt ein beliebiges Objekt und versucht anschließend, die kritische Masse an Subjekten für diesen Zweck auf seine Seite zu bringen. Und dazu startet man den einen oder anderen Versuchsballon und schaut anschließend in aller Ruhe zu, was passiert.

Auch hier ist es also wieder die schicksalhafte Subjekt-Objekt-Beziehung, die sich für den Fortgang der Dinge verantwortlich zeigt. Sehr gut kann man das beobachten, wenn man regelmäßig einen Blick in die internationale Finanzpresse wirft. Denn da merkt man beispielsweise, wie ganz plötzlich die negativen Berichte über die Entwicklung der Kaffeepreise sich häufen. Und schwups – gehen die Preise auch sofort in den Keller, die Farmer in Brasilien Pleite und die Landarbeiter auf den Strich. Wohingegen diejenigen, die rechtzeitig auf fallende Kaffeepreise gesetzt haben, ebenfalls einen Weg zu beschreiten haben – nämlich den zur Bank, um ihren Gewinn dort einzuzahlen. Der Versuchsballon war also durchaus erfolgreich. Klack-klack, Zack-zack, Hopp-auf – und fertig. Und ab zum Nächsten.

Doch richtig fette Gewinne lassen sich immer nur dann erzielen, wenn dem Versuchballon jeweils auch noch mindestens ein Zeppelin nachgeschoben werden kann. Wenn also nicht nur ein kurzes Hüpfen der Preise nach oben oder nach unten in die Wege geleitet, sondern regelrecht ein neuer Trend etabliert werden kann. Wie es in der Vergangenheit bei den Immobilien, wie es beim Gold und wie es letztlich auch bei den Aktien wunderbar gelungen war. Dazu muss man natürlich die Menschen davon überzeugen, dass sie ihr Vermögen nur dann selbständig und in Eigenregie vermehren können, wenn sie genau das machen, was man ihnen sagt.

Gold würde es jedoch mit ziemlicher Sicherheit nicht werden, überlegte Alexander von Schulenburg. Denn zu oft waren in letzter Zeit die Versuchsballons in dieser Hinsicht schon kurz nach dem Start geplatzt. Außerdem würde ja auch ein Anstieg des Goldpreises den Ländern der Dritten Welt, die, wie wir an Afrika sehen können, oftmals über reiche Goldvorkommen verfügen, eher helfen als schaden. Weshalb ein derartiges Ereignis natürlich einen so deutlichen Widerspruch zur Pingpong-Theorie aufweisen würde, dass seine Realisierung fast mit an Sicherheit grenzender Wahrscheinlichkeit für die nächste Zeit ausgeschlossen werden kann.

Nein, es würde vielmehr umgekehrt ein Schuh daraus:

Man musste nur den Goldpreis noch weiter in den Keller treiben, so dass es dann den Goldproduzenten in Afrika genauso schlecht gehen würde wie den Kaffeefarmern in Brasilien. Denn nur dann könnte man ihnen nicht nur die nun noch dringender benötigten Importgüter zu gestiegenen Preisen verkaufen, sondern gleich zusätzlich auch noch einen dicken und teuren Kredit mitliefern. Denn ohne ein derartiges „Cross-Selling“ könnte doch die Weltwirtschaft niemals existieren. Cross-Selling – im wahrsten Sinne des Wortes: Der eine verkauft und der andere wird gekreuzigt.

Und wenn Alexander von Schulenburg nicht alles täuschte, dann waren derartige Dinge bereits am Laufen. Wobei jedoch – ganz im Unterschied zu vergleichbaren Unternehmungen – in diesem Zusammenhang keinerlei Versuchsballons zu beobachten waren. Nein, die Gold-Baissiers schienen sich viel lieber mit ihren Aktivitäten im Dunkeln zu verbergen als damit an die Öffentlichkeit zu treten. An einer verschämten Moralität wird dies jedoch sicherlich nicht gelegen haben, denn damit hätte man sich wahrlich für immer und ewig den Boden unter den eigenen Füßen weggezogen.

Es blieben somit eigentlich nur zwei Gründe zur Erklärung übrig: Erstens, die Spekulanten haben es darauf abgesehen, einen wirklich langfristigen und dauerhaften Trend des Goldpreisverfalls herbeizuführen. Denn würden sie jetzt die Trittbrettfahrer der Weltspekulation mit auf ihren Zug aufspringen lassen, dann könnte der Goldpreis zunächst zwar noch deutlich stärker in den Keller fallen. Doch letztlich muss sich jeder Baisse-Spekulant ja irgendwann einmal wieder mit den Waren eindecken, die er vorher verkauft hat. Und das hieße, man könnte dieses Geschäft vielleicht nur ein- oder zweimal profitabel durchführen, weil sich anschließend der Preis zwangsläufig wieder erholen müsste. Blieb man hingegen verschwiegen, dann würde man dieses Spielchen sicherlich über Monate und Jahre in sehr profitabler Weise weiter betreiben können.

Und der zweite Grund mochte damit zusammenhängen, dass die Spekulanten, die dieses Baisse-Geschäft mit dem Gold durchführen, sich hierfür das Gold der großen Notenbanken der Welt ausleihen. Alexander von Schulenburg hatte diesbezüglich auch einmal von einer Anfrage an Abraham Grünspan – Gott hab ihn selig – gehört, doch da Schwarzenstein nur über sehr geringe Goldvorräte verfügt, bot es sich nicht unbedingt an, auch in diesem Spiel mitzuspielen. Dafür war man ja in einem anderen Spiel mit einem beträchtlichen Volumen involviert, weshalb man sich auch keinerlei Vorwürfe zu machen hatte, den Fortgang der Weltfinanzen eventuell nicht adäquat befördern zu wollen.

Für die Notenbanken war dieses Geschäft insofern sogar von doppeltem Genuss, da sie hierdurch nicht nur ihren ansonsten unprofitablen Goldreserven Erträge abpressen, sondern andererseits dadurch nur noch ungenierter als vorher ihr Geld in rauen Mengen drucken konnten. Denn ein fallender Goldpreis, das wissen wir aus allen Lehrbüchern, bedeutet stets eine Abwesenheit der Inflation – selbst dann, wenn die Geldmengen noch so stark steigen. Doch wie armselig, dachte Alexander von Schulenburg in diesem Moment, den Mohr zu schlagen, nur um die Inflation im Zaum und die eigene Bilanz in Frisur zu halten. Da gab es doch wirklich bessere und verträglichere Konzepte.

Also gut, dann eben keine Hausse in Gold. Doch was dann? Diamanten? Wieder ein paar Diktatoren in Afrika stützen, ein paar Völkermorde dulden, nur um im Austausch dafür die Schürfrechte zu vereinnahmen? Oder das Öl? Aber nein, die USA waren jetzt ja erst einmal zu sehr mit sich selbst beschäftigt, um erneut dann, wenn das

Kind erst einmal in den Brunnen gefallen und der Preis in den Himmel geschossen war, den Markt mit militärischen Mitteln wieder ins Gleichgewicht zu bringen.

Vielleicht also doch eher der Weizen? Denn hier hätte man gleich zwei Fliegen mit einer Klappe geschlagen. Schließlich würde sich damit der größte Weizenexporteur der Welt, die Vereinigten Staaten von Amerika, in trefflicher Weise sanieren können. Und der Pingpong-Theorie wäre ebenfalls entsprochen, denn der größte Weizenimporteur war natürlich die Dritte Welt. Es sage also niemand, die Weltwirtschaft und die Weltfinanzen wären ohne Logik.

Doch eigentlich mochte Alexander von Schulenburg diese ganzen Verschwörungstheorien überhaupt nicht. Er mochte sie nicht nur nicht, sondern er hasste sie regelrecht. Und hatte sich deshalb auch geschworen, keinen derartigen Verschwörungen nachzulaufen. Schließlich hatte er doch allem, was er getan hatte, stets in Einklang mit seinem Gewissen gehandelt. Denn seinem Projekt Schwarzenstein konnte nun wirklich niemand etwas Negatives nachsagen, zu lang war schließlich die Liste der Wohltaten. Ja, die Allianz aus Alexander von Schulenburg und Schwarzenstein hatte sich wirklich verdient gemacht.

So hatte man denjenigen, die ihr Vermögen sichern wollten, eine Möglichkeit geboten, ihr Vermögen zu sichern. Und denjenigen, die keine Steuern zahlen wollten, eine Möglichkeit geboten, keine Steuern zu zahlen. Sowie denjenigen, die ein wertstabiles Geld wollten, genauso ein wertstabiles Geld geboten, wie denjenigen, die auf steigende Aktienkurse gesetzt hatten, steigende Aktienkurse beschert. Am Anfang jedenfalls. Aber welches Modell war schon vollkommen fehlerlos? Und dann hatte man natürlich auch noch denjenigen, die auf die Marktwirtschaft schwören, die Marktwirtschaft vorgeführt. Und natürlich denen, die den Liberalismus vertreten, den Liberalismus gezeigt. Vielleicht war das ja sogar der wichtigste Triumph.

Doch eine Errungenschaft überragte natürlich alle diese eher marginal zu nennenden Insistenzen einer vermeintlichen Selbstbestimmung der drei großen M – Markt, Mensch und Moneten – bei weitem. Und das war die historisch einzigartige und beispiellose Aktion, mit der alle erforderlichen Mittel aufgebracht wurden, um nicht nur der Gentechnologie in den nächsten Jahren und Jahrzehnten mit dem Proteomik-Projekt die Krone aufzusetzen, sondern damit zu guter Letzt auch noch den Menschen seiner wahren Bestimmung zuzuführen.

Und dann würde es endlich nicht mehr klack-klack machen und nicht mehr zack-zack und hopp-auf, sondern ganz plötzlich klick, und die lang ersehnte Einheit der drei großen M wäre endgültig erreicht. Der Mensch und das Geld, sie beide kommen aus dem Nichts, und sie beide gehen in das Nichts. Gemeinsam, Hand in Hand – und vermittelt durch nichts anderes als durch den Marktprozess selbst. Doch vorher sind natürlich noch einige Spielrunden zu absolvieren und einiges Geld zu verdienen, denn schließlich steht auch das Ereignis noch aus, in dem sich die Kaninchen zu guter Letzt das Geld einverleiben. Deshalb liegt es durchaus nahe, davon auszugehen, dass sich in der nächsten Zeit irgendwann noch einmal gehörig die Spielregeln ändern werden.

Wo also ist das neue Spiel? Könnte es nicht durchaus möglich sein, dass zukünftig vielleicht gar nicht das Geld die Anlage, sondern vielmehr umgekehrt, die Anlage das Geld suchen wird? Doch auch dann wäre Schwarzenstein natürlich hervorragend positioniert in Hinsicht auf die unermesslichen Gewinne der Zukunft. Man kann daher also durchaus gespannt sein, wohin uns der Große Kaninchenverstand tatsächlich noch einmal führen wird.

Auf dass der Mensch sich dann endlich vom Menschen befreie – und dabei auch noch eine ordentliche Menge Geld verdiene. Das optimale Zukunftsportfolio, lieber Anleger, könnte demnach also durchaus zur einen Hälfte aus gutem Geld und zur anderen aus den Aktien der besten Unternehmen bestehen, die gegenwärtig so alles im Bereich der Gene und Proteome herumfuhrwerken. Denn Schwarzenstein, darauf kann man sich ganz sicher verlassen, wird in jedem Fall voll investiert bleiben.

20. Epilog

Alexander von Schulenburgs weiteren Weg können wir hier natürlich nicht mehr verfolgen, was den ganz einfachen Grund hat, dass die Zukunft an den Märkten aus der gegenwärtigen Sicht schlichtweg unerkennbar ist und dies auch auf immer und ewig so bleiben wird. In jedem Falle wird Alexander von Schulenburg einen längeren Urlaub dazu genutzt haben, wieder einmal zusammen mit seinem Freund Bernhard von Mandelwindel ordentlich die Welt zu bereisen. Und vielleicht saßen sie dabei wieder einmal auf einer dieser wunderbaren Hotelterrassen eines Strandhotels irgendwo auf der südlichen Halbkugel am Meer und ließen sich eine Flasche herrlich gekühlten Rosé öffnen, wie damals an jenem Dienstag im Oktober 1998, als sie über den Zaun hinweg die Auswirkungen der Asienkrise förmlich mit den Händen greifen konnten und Alexander von Schulenburg von da an das Thema „Wüste" nicht mehr aus dem Kopf herausbekommen hatte.

Und vielleicht sprachen sie diesmal gerade mit dem Kellner darüber, wie die Pharmakonzerne in den USA ihre Regierung überredet hatten, den Ländern der Dritten Welt mit einem Handelsembargo zu drohen, wenn diese es nicht unterlassen würden, im Kampf gegen Aids ihre eigenen und viel billigeren Versionen der patentierten Medikamente zur Lebensrettung ihrer insgesamt 35 Millionen HIV-infizierten Bürger einzusetzen. Denn 12.000 bis 14.000 US-Dollar pro Kopf kosteten diese Präparate auf dem freien Markt, was nach Adam Riese folglich eine Summe von etwa 500 Milliarden US-Dollar im Jahr gegenüber ungefähr 15 Milliarden US-Dollar der in Eigenregie hergestellten Produkte ausmachen würde.

Und sofort würde man es dann noch deutlicher als das Meeresrauschen hören: das Klack-klack, Klack-klack, Klack-klack. Das Zack-zack, Hopp-auf – und fertig. Immer mehr, immer weiter, immer größer und vor allem immer schneller. Klack-klack, Zack-zack, Hopp-auf – und fertig. Denn die Pharmakonzerne haben doch letztlich keine andere Wahl, schließlich stehen hinter ihnen die Eigner, die mit vorgehaltener Pistole ihren Gewinn und ihren Shareholder-Value einfordern. Die Eigner, eigentlich ganz vernünftige und moderate Leute, wie wir anderen auch. Doch humanitäre Projekte sind eben humanitäre Projekte – und die Rendite ist ebenso die Rendite wie der Shareholder-Value der Shareholder-Value ist. Klack-klack, Zack-zack, Hopp-auf – und fertig. Da beißt die Maus keinen Faden ab.

Und vielleicht war Alexander von Schulenburg an dieser Stelle auf eine weitere Idee gekommen: Ist es denn eigentlich tatsächlich wahr, wie uns immer wieder verkündet wird, dass der Weltmarkt und die Globalisierung dem Menschen ein ungewolltes Schicksal aufdrücken? Kann man nicht vielleicht auch – ganz analog zum Fall Schwarzenstein – in anderen als den direkten Geldbereichen die Marktgesetze dazu benutzen, ihren eigenen Automatismus erfolgreich zu unterlaufen? Zumindest so lange, bis die Gentechnologie endlich die finale Lösung bereitet hat?

Der größte Anbieter von HIV-Präparaten auf der Welt ist GlaxoSmithKline mit dem Tickersymbol „GSK“. GSK besitzt eine Marktkapitalisierung von etwa 165 Milliarden US-Dollar, aufgeteilt in 3,1 Milliarden Aktien zu etwa 53 Dollar. Bereits die Hälfte dieses Unternehmenswertes, also etwa 80 Milliarden US-Dollar würden sicherlich als Risikopuffer ausreichen, um mit Leerverkäufen den Aktienkurs dieses Unternehmens regelrecht zu vernichten. Und dem Unternehmen damit Preiszugeständnisse in nahezu beliebiger Höhe abringen zu können.

Allein die Bürger der Bundesrepublik Deutschland besitzen ein Geldvermögen von 6 Billiarden DM, also etwa 3 Billiarden US-Dollar. 80 Milliarden Einsatz entsprechen also nur etwa 2,6 Prozent des Vermögens von 3 Billiarden. Und wenn man dann noch die Vermögen der übrigen reichen Weltbürger hinzuaddiert, dann reduziert sich der Einsatz auf Promillegröße. Und das sollte doch nun wirklich einmal riskiert werden können. Wenn sich also nur ein Bruchteil der Menschen ihrer Erkenntnisse auf dem Schulhof besinnen würden, dann könnte dieses Modell der Klassenkeile sicherlich mehr auf der Welt verändern, als man es gemeinhin den Zeiten der Globalisierung zutrauen würde.

Und neben der Verwirklichung eines guten Zweckes wäre die Partizipation überdies auch noch hochprofitabel: Denn 2 Milliarden Aktien, im Durchschnitt zu vielleicht 40 US-Dollar verkauft und hinterher zu 5 US-Dollar im Schnitt zurückgekauft, machten einen Gewinn von schlappen 70 Milliarden US-Dollar, welcher die Kriegskasse für den nächsten Angriff gegenüber der Ausgangslage bereits nahezu verdoppeln würde.

Nun wissen wir, wie gesagt, natürlich nicht, ob Alexander von Schulenburg Bernhard von Mandelwindel diese Idee für eine völlig neue Generation von Aktienfonds tatsächlich vorgestellt hat oder ob er sie ihm irgendwann einmal vorstellen würde. Andererseits jedoch kennen wir mittlerweile Alexander von Schulenburgs Vermächtnis nur zu gut, welches da lautet: „Man muss sich nicht nach den Gesetzen des Marktes richten, sondern vielmehr umgekehrt dem Markt die eigenen Gesetze vorschreiben."